THÈSE

POUR

LE DOCTORAT,

PRÉSENTÉE

Par MARIE-RAYMOND PANSIER,

Avocat à la Cour Impériale de Nimes.

❧

NIMES,

DE L'IMPRIMERIE SOUSTELLE,

BOULEVART SAINT-ANTOINE, 9.

—

1857.

THÈSE

POUR

LE DOCTORAT,

PRÉSENTÉE

PAR **MARIE-RAYMOND PANSIER**,

Avocat à la Cour Impériale de Nîmes.

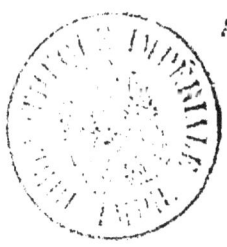

NÎMES,

DE L'IMPRIMERIE SOUSTELLE,

BOULEVART SAINT-ANTOINE, 9.

—

1857.

C.

PREMIÈRE PARTIE.

DROIT ROMAIN.

DES FIDÉICOMMIS UNIVERSELS.

Les lois romaines avaient déterminé d'une manière claire et précise les dispositions qu'elles autorisaient de la part de ceux qui voulaient transmettre leurs biens à des héritiers. Les modes de disposer, la quotité que l'on avait le droit de donner, les personnes que l'on pouvait gratifier de cette quotité, celles auxquelles il était permis de tester, tout cela avait été nettement établi. Mais les lois avaient paru rigoureuses, et un grand nombre de personnes avaient cherché à transmettre leur succession d'après leur volonté propre, sans tenir compte des prescriptions du législateur, et en évitant les restrictions qui avaient été apportées à la faculté de disposer en faveur de certaines classes d'individus. On imagina alors de parvenir au résultat que l'on désirait atteindre d'une manière détournée, *oblique*, comme disent les commentateurs, on instituait un héritier, mais, en même temps, on le priait de rendre à un autre les biens qu'on lui donnait. Celui que l'on instituait était appelé héritier fiduciaire, celui auquel devait transmettre ce dernier prenait le nom d'héritier fidéicommissaire. La disposition par laquelle s'opérait cette transmission était un fidéicommis.

Le fidéicommis était fait sous forme précative; on s'en rapportait à la bonne foi de l'héritier. C'est de la volonté du disposant qu'il tirait toute sa force, la loi ne lui donnant dans le principe aucune sanction. Aussi les instituts nous disent que personne n'était contraint à faire les restitutions dont on l'avait chargé.

Mais, avec le temps, les fidéicommis prirent une telle extension, que l'on reconnut la nécessité de les sanctionner. Auguste ordonna aux consuls d'interposer leur autorité en faveur de ces dispositions; on créa même un préteur spécial, appelé fidéicommissaire, qui fut chargé de prononcer sur les fidéicommis.

Il y avait deux sortes de fidéicommis : les fidéicommis universels, par lesquels l'héritier était chargé de rendre la succession entière ou seulement une portion, et les fidéicommis particuliers, par lesquels on laissait un objet particulier. Nous ne nous occuperons que des premiers.

CHAPITRE I.

Règles générales.

Comme nous l'avons fait observer, le fidéicommis avait pour but de transmettre une succession à des personnes incapables; mais on ne tarda pas à restreindre la faculté de faire des fidéicommis. Sous Adrien, un sénatus-consulte attribua au fisc les biens qui seraient destinés à des étrangers. Ulpien nous apprend aussi que le sénatus-consulte Pégasien annula les

fidéicommis faits au profit des personnes sans enfants ou céli-
bataires. D'un autre côté, le cercle des personnes vis-à-vis
desquelles on employait cette manière de disposer fut élargi ;
dans le principe on ne s'en servait que pour faire parvenir des
biens aux incapables, avec le temps les fidéicommis furent
employés pour transmettre la succession aux personnes capa-
bles.

Dans le principe celui-là seul qui avait fait un testament
régulier pouvait grever d'un fidéicommis l'héritier qu'il avait
institué ; on permit ensuite à celui qui n'avait pas testé de
prier celui qui hériterait de sa succession de la remettre à un
autre.

On ne pouvait faire des fidéicommis que par des actes de
dernière volonté, des testaments, des donations à cause de
mort et des codicilles. On le pouvait aussi par un simple signe
de tête, par paroles, par une lettre missive, par un écrit quelconque ; mais alors les fidéicommis étaient censés faits par
codicilles. Plus tard le Code étendit la faculté de faire des
fidéicommis et il permit de les établir par donations entre vifs.
Dans tous les cas il était indispensable que celui qui usait de
tel ou tel acte eût la capacité requise pour faire cet acte, et
accomplît les formalités nécessaires à sa validité.

Les termes les plus usités pour les fidéicommis étaient ceux-
ci : *peto*, *rogo*, *volo*, *mando*, *fidei tuæ committo ;* on
pouvait en employer d'autres, car il n'y en avait pas de sacra-
mentel ; ce que l'on exigeait, c'est que la volonté du disposant
fût bien démontrée. Il est vrai que dans le principe on ne
pouvait faire un fidéicommis que par des termes précaires ;
mais cette règle se modifia avec le temps et il fut permis d'employer des termes de commandement. Il n'était pas nécessaire
non plus que le disposant se fût adressé au grevé, il pouvait
employer des expressions qui s'adressaient ou au substitué,
ou à un tiers, ou s'exprimer d'une manière impersonnelle.

Il suffisait que le testateur eût suffisamment manifesté sa volonté; et la question de savoir si l'intention de faire un fidéicommis étant assez annoncée, était laissée entièrement à l'arbitraire du juge; celui-ci ne devait pas cependant établir cette volonté sur de légères conjectures. Ulpien pensait que des termes qui n'exprimaient qu'une recommandation vague ne renfermaient point de substitution (Digeste , livre 32, *de legatis et fideicommissis Tertio*, fragment 11, § 2.)

Comme dit en effet la loi, autre chose est, pour un testateur, de recommander une personne, autre chose de témoigner à ses successeurs qu'il les charge de lui remettre ses biens.

Il y avait fidéicommis si le testateur disait : « Je recommande de rendre mes biens à Primus. » La décision était la même si le testateur avait dit : « Je souhaite, je désire que mon héritier rende mes biens à un tel (Digeste , livre 30, fragments 115, 118). On allait même plus loin et on pensait que pour établir un fidéicommis, ces mots suffisaient : «Je crois, ou je sais que vous rendrez, ou je ne doute pas que vous ne rendiez mes biens à Primus. » (Digeste , livre 31 , fragment 67 , § 10.)

Un testateur qui avait l'intention d'établir un fidéicommis le faisait le plus souvent en termes exprès; quelquefois aussi cette intention, bien qu'elle ne fût pas formellement annoncée, était une conséquence de ce qui était contenu dans le testament ; ce fidéicommis prenait le nom de tacite. L'exemple le plus ordinaire de fidéicommis tacite était celui qui résultait de la défense faite par le testateur à son héritier d'aliéner les biens qu'il lui laissait. Mais cette défense d'aliéner ne renfermait une substitution que lorsqu'il paraissait par le testament qu'elle avait été faite par le testateur en faveur de quelque autre que l'héritier; ainsi j'institue Primus pour mon héritier et je lui défends d'aliéner hors de ma famille (Digeste, livre 31 , fragment 69, § 3). Si au contraire il s'était contenté de dire: je lui défends d'aliéner, il n'y avait là aucun fidéicommis,

car on pouvait regarder cette défense comme un simple aver-
tissement donné à l'héritier dans son intérêt (Digeste, livre
30, de *legatis Primo*, fragment 114, § 14). (Digeste, livre
32, fragment 38, § 4). Cette simple prohibition, disent les jurisconsultes romains, ne forme qu'un précepte nu, qui ne lie point
et ne donne d'action à personne.

Cependant pour que la défense d'aliéner renfermât un fidéicommis, il n'était pas toujours nécessaire que le testateur eût
exprimé en faveur de qui il l'avait voulu faire ; un père s'ex-
primait ainsi dans son testament, à l'égard de sa fille : (Je
vous recommande de ne point disposer par testament des
biens que je vous laisse, tant que vous n'aurez point d'enfants);
l'Empereur Sévère décida que ces termes renfermaient un
fidéicommis au profit du frère de cette fille , fait sous la condition qu'elle n'aurait pas d'enfants (Digeste, livre 36,
titre 1er, fragment 74). Mais comme on le remarque , la prohibition de tester n'était pas pure et simple : le testateur avait
défendu à sa fille de tester jusqu'à ce qu'elle eût des enfants ;
et cela indiquait assez qu'en faisant cette prohibition, il avait
en vue son fils, frère et cohéritier de sa fille, et avait pensé à
le faire succéder aux biens de celle-ci, en cas qu'elle n'eût
pas d'enfants. D'un autre côté, le testateur avait institué son
fils et sa fille conjointement, comme on doit le supposer d'après
les termes de la loi ; ainsi le fils se trouvait nommé dans le
testament même qui contenait la défense de tester, de telle
sorte que si dans ses dispositions le testateur n'a pas manifesté d'une manière directe et explicite en faveur de qui était
faite la défense de tester, on ne peut pas dire non plus qu'il
se soit borné à un simple précepte.

Enfin on avait décidé que le simple conseil donné à l'héritier de ne pas disposer des biens qu'on lui laissait ne formait
pas un fidéicommis (Digeste, livre 31, fragment 77, § 24);
la décision sur cette hypothèse ne pouvant pas être différente

puisqu'on avait pensé que la simple prohibition d'aliéner ne constituait pas un fidéicommis.

On pouvait grever de fidéicommis tous ceux auxquels le testateur avait laissé quelque chose , soit à titre d'institution d'héritier , soit à titre de legs universel ou particulier, il était permis de charger celui en faveur duquel existait un fidéicommis de rendre les biens à un autre.

On avait la faculté de grever de fidéicommis un débiteur ; car alors, on était censé lui léguer la libération de sa dette et, en conséquence de ce legs de libération, le charger de substitution (Digeste, livre 30, fragment 77, *de legatis Primo* ; livre 32, frag. 37, § 3 , *de legatis Tertio*).

On pouvait encore grever de fidéicommis les héritiers ab intestat ; on est censé leur avoir laissé, et ils tiennent de celui auquel ils succèdent ainsi , tout ce que celui-ci pouvait leur ôter par les dispositions autorisées par la loi (Digeste, livre 32 , fragment 1 , § 6 de *legatis Tertio*).

Enfin, on pouvait imposer un fidéicommis aux héritiers de ces personnes, pourvu que ce fût en leur qualité d'héritiers , par exemple, si on disait : Je charge l'héritier de mon héritier de rendre mes biens à Primus (Frag. 6, livre 32, Digeste).

Toute personne qui est capable de recevoir une libéralité l'est aussi d'être appelée à un fidéicommis (Digeste, frag. 10, § 1, *de his quæ ut indignis*).

On peut même faire un fidéicommis en faveur d'une personne incertaine, pourvu qu'elle puisse devenir certaine par la suite.

On est allé plus loin, et on a déclaré que l'on pouvait appeler à un fidéicommis une personne à naître.

Les fidéicommis , dans le principe, s'ouvraient immédiatement et n'étaient soumis à l'événement d'aucune condition ; plus tard, l'usage fut introduit de reculer leur ouverture et de leur apposer quelque condition ; il y en eut une surtout dont l'emploi fut très-fréquent, celle pour le grevé de rendre les biens à sa mort.

On en vint même à se servir des fidéicommis pour perpétuer les biens dans les familles. De là plusieurs espèces de fidéicommis, sur chacun desquels nous donnerons quelques explications.

Fidéicommis pur. — On appelait ainsi celui qui n'était suspendu par aucune condition, qui s'ouvrait aussitôt que l'acte dans lequel il était contenu commençait d'exister avec effet; telle est la disposition suivante : Je charge Scia de rendre à Mevia, ma fille, tout ce qui lui reviendra de ma succession (Digeste, livre 32, frag. 41, § 14).

Fidéicommis conditionnel. — C'est celui qui n'est fait que pour avoir lieu dans un cas futur et incertain, prévu par le substitu..., et dont l'effet demeure en suspens jusqu'à l'arrivée de ce cas.

Si le disposant avait dit : « Je fais Antoine mon héritier, et je veux que lorsqu'il mourra, il rende la succession à Pierre.» Le fidéiscommis était conditionnel (Digeste, livre 35, titre 1, frag. 79, § 1).

Dans une hypothèse, le fidéicommis était conditionnel de droit, c'est lorsqu'un ascendant, en instituant héritier un de ses descendants, le chargeait d'un fidéicommis universel; la condition, si *l'institué décède sans enfant*, était supposée de plein droit (Code de fidéicommis, loi 30).

Fidéicommis simple. — On appelait ainsi celui où la personne à laquelle le grevé devait rendre n'était pas elle-même chargée de rendre à un autre.

Fidéicommis graduel. — C'était au contraire celui où le substitué était lui-même chargé de rendre à d'autres; de telle sorte qu'après avoir recueilli le fidéicommis fait en sa faveur, il était tenu de conserver les biens qui le composaient pour ceux qui étaient appelés après lui.

La gradualité d'un fidéicommis peut s'établir expressément

ou tacitement. Elle est expresse quand le substituant a formellement chargé le substitué de rendre à un autre, ou lorsque,
en appelant plusieurs personnes, il a dit : *les unes après les
autres, ou successivement, ou de degré en degré*, ou encore
s'il s'est exprimé en ces termes : *Je fais Primus mon héritier
et je lui substitue ma famille à toujours ou à perpétuité.*

Elle est tacite, lorsqu'il résulte évidemment de la disposition,
que tel a été le vœu du substituant, bien qu'il ne l'ait pas
formellement déclaré. Il en serait ainsi si le testateur avait
dit : « Je veux que mes biens restent dans ma famille à perpétuité ; et encore dans l'hypothèse où, après avoir défendu
d'aliéner, il aurait ajouté : Afin que l'héritage soit toujours
conservé dans ma famille. On doit aussi supposer un premier
degré de fidéicommis tacite dans l'espèce suivante : un héritage avait été légué à deux légataires et le survivant avait été
chargé de le restituer à un tiers ; le jurisconsulte décide qu'on
doit supposer un premier degré de fidéicommis tacite par
lequel le prédécédé ait été chargé de restituer, lorsqu'il mourrait, sa part au survivant (Digeste, livre 31, fragment 87, § 2).
Mais cette décision ne serait pas fondée si, au lieu du survivant,
tous les deux au contraire avaient été chargés de rendre au
tiers, ou encore si le survivant ne devait restituer que sa portion et non pas la chose entière.

Du fidéicommis de famille. — Il arrive souvent qu'un testateur substitue à son héritier sa famille ou celle de son héritier. Lorsque ce fidéicommis s'ouvre, tous les membres de la
famille ne doivent pas indistinctement le recueillir. Si l'auteur
du fidéicommis a établi un ordre entre les membres de la famille, et a nommé ceux qu'il entendait préférer aux autres, on
doit se conformer à sa volonté ; si, au contraire, le disposant
n'a pas fait cette indication, ce sont les plus proches qui doivent recueillir le bénéfice de la disposition (Digeste, livre 31,
fragment 32, § 6).

Quant à la question de savoir, si dans cette hypothèse ce

sont les parents les plus proches du grevé, ou bien du testateur qui doivent recueillir, il faut répondre que ce sont les plus proches du grevé; car, dans toute succession, la loi défère les biens à ceux d'entre les parents qui se trouvent les plus proches du dernier possesseur.

Du fidéicommis en faveur de celui de la famille qu'aura choisi le grevé. — Quelquefois un testateur, après avoir substitué sa famille ou ses enfants à son héritier, lui permet de choisir celui d'entr'eux auquel il rendra les biens compris dans le fidéicommis; celui qui a été choisi n'est pas censé tenir les biens de l'héritier, mais de l'auteur du fidéicommis, c'est pour cela que le grevé ne peut, à raison de ce choix, imposer aucune charge à celui qu'il a préféré (Digeste, livre 31, frag. 67, § 4).

Le grevé pourra faire ce choix par l'acte qu'il voudra; mais ce choix ne sera valable que si la personne qu'il a préférée existe au moment de l'ouverture du fidéicommis, c'est-à-dire à l'époque de la mort du grevé.

La *capitis deminutio* du grevé ne donnait pas lieu à l'ouverture du fidéicommis, et cette peine ne lui faisait pas perdre la faculté de choisir entre ses enfants celui auquel appartiendrait après sa mort naturelle les biens frappés de fidéicommis (Digeste, livre 31, frag. 77, § 4).

Si le grevé décédait, avant d'avoir fait son choix, ou si le choix qu'il avait fait était caduc par le prédécès de celui qu'il avait choisi, le fidéicommis était ouvert en faveur des membres de la famille qui étaient les plus proches parents du grevé (Digeste, livre 31, fragment 67, § 7).

Il nous faut examiner maintenant quelles choses devait rendre l'héritier fiduciaire. En règle générale, toutes les choses héréditaires sont comprises dans le fidéicommis universel, et l'héritier est obligé de les remettre toutes au fidéicommissaire. Mais cette transmission, qui s'opère de l'héritier à celui en faveur duquel a été mise la charge de rendre, est dans l'intérêt de ce dernier. Aussi, hâtons-nous de le dire, ce n'est point aux risques et périls du fiduciaire que sont les objets grevés de restitution. Si quelques-uns d'entre eux sont détériorés ou périssent entièret..~nt, le fiduciaire, qui n'est pas responsable de cette perte, n'a aucune indemnité à restituer au fidéicommissaire.

Il ne faut pas cependant aller jusqu'à dire qu'aucune responsabilité ne pèse sur lui. On n'a aucun reproche à lui adresser s'il y a de sa part une simple négligence ; mais s'il commet une faute grave, *lata culpa*, il est responsable, soit de la perte, soit de la détérioration ou'auront pu subir les objets héréditaires.

Ainsi donc, les choses héréditaires sont aux risques et périls du fidéicommissaire, et non de l'heritier sans la faute ni le fait duquel elles viennent à périr.

Les créances qu'avait l'auteur du fidéicommis font partie de sa succession, sont une chose héréditaire ; par conséquent, l'héritier qui aura reçu des sommes de la part des débiteurs de la succession sera tenu de les rendre, quand même la dette qui a été payée serait seulement naturelle.

Le fidéicommis dont on a grevé l'héritier a empêché, par là-même, toute confusion de s'opérer entre les biens du défunt et ceux du fiduciaire ; puisque le patrimoine de chacun reste distinct et séparé, les dettes qu'ils pourraient avoir entre eux ne sont pas éteintes, et l'héritier rendra au fidéicommissaire ce qu'il devait au défunt.

Les choses héréditaires rentrent dans la restitution, quelle que soit leur nature ; mais en est-il de même des fruits et produits de ces biens ? Les fruits ne doivent pas être rendus ; car, lorsqu'on charge quelqu'un de restituer une hérédité, on entend l'obliger à rendre ce qui constitue la succession et non pas les fruits, qui sont un avantage provenant des choses comprises dans cette succession.

Il en serait autrement, si le testateur avait chargé spécialement l'héritier de rendre les fruits, ou si ce dernier était en retard de restituer l'hérédité. Quoique le disposant n'ait pas expressément parlé des fruits, l'héritier sera tenu de les rendre, s'il résulte de l'ensemble des dispositions du défunt que telle a été son intention.

Ce que nous avons dit des fruits s'applique également à tous les produits et accroissements accidentels ; ainsi, les successions que les esclaves héréditaires acquièrent depuis l'acceptation de la succession, et avant l'époque à laquelle elle doit être rendue, restent à l'héritier ; à moins, cependant, que le disposant n'eût chargé l'héritier de rendre la succession avec tous ses accroissements ; mais ici encore l'héritier serait admis à prouver que c'est en considération de lui seul que l'esclave a été institué.

Puisque l'héritier profite de toutes les augmentations, il ne serait pas juste qu'il ne contribuât pas aux pertes accidentelles survenues à la succession ; aussi on a pensé qu'il devait y suppléer avec les fruits et les produits accidentels.

Si le testateur avait, avant de mourir, placé des sommes aux intérêts, ou fait un contrat de louage, les intérêts et les loyers qui viendraient à échoir et que retirerait l'héritier avant l'époque fixée pour la restitution de la succession, resteraient pour lui ; mais les sommes qui seraient encore dues en vertu de ces causes à ce moment, feraient partie de l'hérédité que recueillerait le fidéicommissaire et lui appartiendraient.

Les enfants des femmes esclaves et le croît des troupeaux n'avaient pas été regardés comme des fruits, et, par conséquent, l'héritier était tenu de les rendre au fidéicommissaire.

Telles sont les choses qui entrent dans la restitution du fidéicommis. Mais il y a des objets qui proviennent de l'hérédité, en dehors des fruits et des produits dont nous avons parlé, et qui restent à l'héritier ; ainsi, ce qu'il a reçu à titre de prélegs et de fidéicommis, et non point en sa qualité d'héritier.

Ajoutons encore ici qu'il en serait autrement si le testateur avait manifesté une volonté contraire; car toutes les règles que nous avons exposées ont été établies parce qu'on les a présumées être l'expression de la pensée du testateur. Mais, lorsqu'il a déclaré dans ses dispositions qu'il entendait régler sa succession de telle et telle manière, il n'y a qu'à s'incliner devant cette manifestation.

Il nous reste à faire une dernière observation : l'héritier, grevé de restitution, ne doit pas souffrir de la charge qui lui a été imposée; c'est pour cela que, s'il a fait des dépenses à l'occasion des choses héréditaires, il sera autorisé à les retenir sur les biens compris dans la succession. Comme nous avons observé que la confusion des patrimoines n'avait pas lieu, et que les biens du testateur et ceux de l'héritier fiduciaire restaient séparés, celui-ci déduira du fidéicommis les créances qu'il avait contre le défunt. Il exercerait en outre toutes les retenues que le testateur lui aurait permis d'opérer.

Comme aussi dans l'hypothèse où l'héritier a été chargé de rendre la succession en prélevant pour lui un fonds de terre, si l'on vient à découvrir que ce fonds n'appartenait pas au testateur, l'héritier en restituant la succession sera autorisé à retenir la valeur de ce fonds.

Et encore si l'héritier était obligé de rendre la succession à ses esclaves après leur avoir donné la liberté, il retiendrait le prix de ces esclaves en rendant la succession.

Si l'héritier ne trouvait rien dans la succession sur quoi il pût exercer toutes ces retenues, le fidéicommissaire serait tenu de lui donner caution. Il devrait aussi s'engager à l'indemniser de toutes les obligations qu'il aurait contractées à l'occasion de l'hérédité.

Nous avons établi les règles qui président à la restitution des fidéicommis. Elles doivent être suivies lorsque le testateur a chargé l'héritier de rendre toute l'hérédité ou bien une quote-part seulement. Mais le testateur pourrait encore le charger de rendre, soit tout ce qu'il recueillerait, soit sa portion dans la succession. Dans cette dernière hypothèse, il rendrait même les préciputs. Le fidéicommis comprendrait, de plus, ce qu'il aurait reçu à titre de fidéicommis, si le testateur l'avait prié de rendre tout ce qu'il recueillerait de la succession. Enfin le fidéicommis dont nous nous occupons ne comprend pas les prélegs par lesquels l'héritier reprend plutôt sa chose qu'il ne reçoit une libéralité.

Le disposant peut encore charger son héritier de rendre tout ce qui restera de la succession. Cette disposition ne comprend pas les choses héréditaires qui ont cessé d'exister par le fait de l'héritier; pourvu qu'il ait de bonne foi diminué la succession, les choses qu'il aurait aliénées ne seraient pas comprises dans le fidéicommis.

Si l'héritier, au lieu de vendre les biens compris dans le fidéicommis, les avait échangés, il devrait rendre ceux qu'il aurait reçus en échange.

Le fidéicommis de ce qui reste de la succession comprend aussi les fruits qui existent encore à l'époque où doit être faite la restitution.

Enfin l'héritier ne déduit ce que lui devait le défunt dans ce même fidéicommis que jusqu'à concurrence de ce dont la dette excède ce qu'il a consommé de la succession.

Il nous reste à énoncer une dernière règle générale à tous les fidéicommis : l'héritier qui restitue la succession n'est pas tenu de donner caution au fidéicommissaire contre l'éviction des biens compris dans l'hérédité; c'est, au contraire, au fidéicommissaire à s'engager à indemniser l'héritier vis-à-vis des acheteurs qui seraient évincés des biens qu'il a vendus.

L'héritier qui avait restitué le fidéicommis n'en restait pas moins héritier, aussi était-il tenu de payer toutes les dettes du défunt, et en même temps il avait le droit d'exercer toutes les actions contre les débiteurs de la succession. Pour éviter ce résultat, il vendait fictivement l'hérédité au fidéicommissaire;

on faisait ensuite les stipulations *emptæ et venditæ hæreditatis*. L'héritier stipulait qu'il serait indemnisé de toutes les
sommes qu'il serait condamné à payer ou même qu'il aurait
payées de bonne foi; le fidéicommissaire s'engageait à prendre
la place de l'héritier en justice, lorsqu'il serait poursuivi en
cette qualité; de son côté, le fiduciaire cédait au fidéicommissaire les actions qui dépendaient de la succession, en lui donnant une *procuratio in rem suam*,

CHAPITRE II.

Du sénatus-consulte Trébellien.

Les stipulations qui intervenaient entre l'héritier et le fidéicommissaire étaient la source de nombreuses difficultés. Si
l'héritier payait des dettes, son recours contre le fidéicommissaire pouvait être inutile, si ce dernier était insolvable; l'héritier lui-même pouvait dissiper les sommes qu'il avait reçues,
et le fidéicommissaire perdre par là une partie du fidéicommis.
Aussi, les dernières volontés des mourants restaient sans
exécution, par suite du refus que faisait l'héritier, grevé de
fidéicommis, d'accepter la succession. C'est pour obvier à ces
inconvénients que, en l'an 62 après J.-C., fut porté le sénatus-
consulte Trébellien. D'après ce sénatus-consulte, si une hérédité était remise en vertu d'un fidéicommis, toutes les actions
qui compètent civilement à l'héritier et contre lui étaient données à celui et contre celui auquel on restituait la succession.
L'héritier poursuivi après la restitution repoussait les tiers par
l'exception *restitutæ hæreditatis;* lui aussi était écarté par la
même exception, s'il agissait contre les débiteurs de la succession en qualité d'héritier.

Voilà le but de ce sénatus-consulte et le résumé de ses dispositions, au sujet desquelles il faut maintenant nous livrer à un examen approfondi. Le sénatus-consulte Trébellien reçoit son application toutes les fois qu'un individu a été chargé, en qualité d'héritier, de rendre la succession entière ou partie seulement. Il n'y a pas à distinguer si celui qui est grevé d'un fidéicommis est héritier testamentaire ou ab intestat. Peu importe que l'héritier lui-même ou celui par lequel la succession lui est acquise ait été chargé de rendre l'hérédité ; ainsi, dans le cas où un fils de famille a été institué et grevé de fidéicommis, et que le père ait restitué la succession, les actions seront transportées comme si le père lui-même avait été chargé de faire la restitution.

Il serait indifférent aussi que l'héritier ou son tuteur ou curateur eût été prié d'exécuter un fidéicommis.

Il n'y a pas non plus à tenir compte de la qualité du fidéicommissaire, qui peut être, soit un particulier, soit une corporation. Mais le sénatus-consulte n'est applicable et ses effets ne sont possibles que si le fidéicommis a été fait valablement.

Le sénatus-consulte Trébellien a pour but de faire passer les actions qui dépendent de la succession sur la tête du fidéicommissaire auquel les biens ont été laissés par fidéicommis ; ce transport des actions ne sera opéré que lorsque l'hérédité aura été restituée. Cette restitution peut être faite, soit par tradition, soit par déclaration verbale, soit par lettre ou par message. Le fidéicommissaire sera autorisé à actionner le fiduciaire tant que la succession tout entière n'aura pas été restituée.

En principe, c'est à l'héritier qu'il appartient de faire la restitution ; mais il peut donner ordre à un autre personne de le remplacer à cet effet, et le résultat sera le même. Le pupille peut restituer lui-même avec l'autorisation de son tuteur, tandis que celui-ci ne peut le faire sans le pupille, lorsque le pupille n'est pas en bas âge. Toutefois, l'autorisation du tuteur ne suffit pas au pupille qui est chargé de restituer au tuteur lui-même. Enfin, toute personne qui acquiert la succession de l'héritier peut accomplir le fidéicommis. C'est au fidéicommissaire que doit être restituée l'hérédité; mais ici l'effet serait le même si la restitution avait été faite à un autre, du consentement du fidéicommissaire.

Le pupille en faveur duquel existe un fidéicommis aura besoin de l'autorisation de son tuteur pour recevoir la succession ; si le fidéicommissaire est sous la puissance de quelqu'un, la restitution sera faite à celui qui a autorité sur lui.

La restitution ne devra avoir lieu qu'à l'échéance du terme ou à l'événement de la condition ; si elle était faite avant cette époque, les actions ne passeraient pas au fidéicommissaire ; il suffirait cependant, lorsque le moment serait arrivé, que la restitution déjà opérée fût ratifiée.

Après la restitution, le fiduciaire n'en reste pas moins héritier, et les actions sont données pour ou contre le fidéicommissaire, qu'elles soient civiles ou prétoriennes, ou qu'elles résultent d'obligations naturelles. Elles passent au fidéicommissaire, telles qu'elles étaient au temps de la restitution de la succession.

Les actions transférées en vertu du sénatus-consulte Trébellien le sont en proportion de la part de la succession qui a été restituée et pour toute la part que l'héritier est chargé de restituer ; si celui-ci rendait une portion plus forte qu'il ne devait ; les actions ne seraient pas transférées relativement à l'excédant de cette portion.

Pour les actions que le défunt n'a pas laissées dans sa succession, et qui ont pris naissance dans la personne de l'héritier à l'occasion de cette succession, elles ne sont pas transférées au fidéicommissaire ; il en est de même des actions qui ne sont pas données pour ou contre l'héritier, par cela seul qu'il est héritier. Par l'effet du transport des actions en vertu du sénatus-consulte, l'héritier qui a restitué la succession a pour lui l'exception tirée de la restitution ; elle lui sera opposée s'il attaque les débiteurs ; le fidéicommissaire, de son côté, pourra actionner les débiteurs et être actionné par les créanciers.

Avec les actions héréditaires, les charges de la succession et les legs passent contre le fidéicommissaire, en proportion de ce qu'on lui restitue de la succession.

Cependant, c'est lui qui acquittera les legs et les fidéicommis, si l'héritier, en restituant la succession, prélève pour lui, d'après les ordres du disposant, un objet particulier, ou une somme déterminée. Mais le fidéicommissaire n'est tenu d'acquitter les legs que jusqu'à concurrence des biens compris dans le fidéicommis, et l'excédant est à la charge de l'héritier fiduciaire.

La restitution de la succession a encore pour effet de transporter la propriété de toutes les choses héréditaires à celui à qui l'hérédité a été remise, quand bien même il n'en aurait pas encore la possession.

Cette propriété passe au fidéicommissaire telle qu'elle était entre les mains du défunt. Le caractère incertain qu'elle avait avant la restitution disparaît ; et comme conséquence, les aliénations faites par le fidéicommissaire sont confirmées, tandis que celles qui avaient été consenties par l'héritier sont révoquées, à l'exception de celles auxquelles il a été légalement obligé et de la concession de la liberté faite en faveur de l'esclave compris dans la succession.

CHAPITRE III.

Du Sénatus-consulte Pégasien.

§ 1. — PREMIER CHEF DU SÉNATUS-CONSULTE.

Le sénatus-consulte Trébellien avait apporté une première modification au droit civil de Rome, sur les fidéicommis, dans le but d'assurer l'exécution des dernières volontés des mourants ; le même motif fit édicter le sénatus-consulte Pégasien, en l'an 73 après J.-C. Les héritiers se souciaient peu d'accepter une succession dont ils ne retiraient aucun profit ; ils refusaient de faire adition d'hérédité, et les fidéicommis étaient éteints. Pour éviter ces inconvénients, le sénatus-consulte Pégasien étendit aux fidéicommis universels le bénéfice de la loi Falcidie. Il fut établi que l'héritier chargé de rendre une succession pourrait en retenir un quart. Ce sénatus-consulte laissait toutes les dettes à la charge de l'héritier, et le fidéicommissaire était dans la position d'un légataire partiaire ; mais il intervenait alors entre eux la stipulation *partis et pro parte*, en vertu de laquelle chacun supportait les charges en proportion de ce qu'il retirait de la succession. Il intervenait aussi entre eux une autre stipulation : l'héritier qui livrait le fidéicommis se réservait le droit d'en reprendre une partie, s'il apparaissait plus tard qu'il n'avait pas retenu toute la quarte pégasienne. Nous allons étudier en détail ce premier chef du sénatus-consulte Pégasien.

Les dispositions de ce sénatus-consulte ne concernaient d'abord que l'héritier testamentaire ; elles furent ensuite étendues à l'héritier légitime.

Il est possible que le fidéicommissaire lui-même ait été chargé de rendre à un autre la succession. Pour savoir s'il a le droit d'exercer la retenue du quart, il faut distinguer : si on la lui a fait subir à lui-même, il aura la faculté de retenir la quarte, puisque les légataires grevés de fidéicommis particuliers gardent sur ces fidéicommis en proportion de ce qu'on a retenu sur leur legs, en raison de la Falcidie ; si, au contraire, la quarte n'a pas été retranchée au fidéicommissaire, il ne pourra rien retenir au second fidéicommissaire, sauf toutefois le cas où l'héritier aurait manifesté l'intention de faire profiter de cette libéralité celui en faveur duquel était le premier fidéicommis.

La retenue de la quarte aura lieu contre tout fidéicommissaire universel.

L'héritier retiendra la quarte pégasienne au moment où il restituera la succession. Enfin, cette retenue s'exercera sur toutes les libéralités du testateur, soit legs, soit fidéicommis.

Reste la question de savoir ce que l'on doit imputer sur la quarte. On peut poser un principe et dire que l'héritier imputera sur la quarte pégasienne ce qu'il recueille en qualité d'héritier, mais non ce qu'il reçoit à titre de legs ou de fidéicommis, ou ce qu'il touche pour remplir les conditions imposées par le testateur. Pour les fruits perçus depuis la mort du testateur jusqu'à la restitution de la succession laissée sous condition ou à terme, on les imputera sur la quarte attribuée à l'héritier par le sénatus-consulte Pégasien.

Par un privilége spécial accordé par Justinien, les enfants institués héritiers par leurs père et mère, et grevés de fidéicommis, n'imputent jamais sur la quarte les fruits de la succession. La même règle est applicable aux choses qui tiennent lieu de fruits, ainsi aux loyers des fonds et aux intérêts.

Les maisons et les esclaves ne sont pas aux risques et périls de l'héritier ; cependant, si ces choses se perdent ou si elles sont prescrites, comme c'est la succession entière qui en supporte la perte, l'héritier et le fidéicommissaire y contribueront en proportion de la part qu'ils prennent dans la succession. On impute enfin, sur le quart réservé à l'héritier, les aliénations qu'il a consenties des choses héréditaires.

La quarte pégasienne a été établie en faveur de l'héritier ; il peut donc y renoncer et abandonner la succession tout entière au fidéicommissaire, mais il ne peut le faire qu'après la mort du testateur. Le testateur ne pouvait priver l'héritier de la quarte pégasienne ; s'il avait cependant manifesté cette intention, le fidéicommissaire, en s'adressant au prince, obtenait que la volonté du testateur fût respectée. Justinien établit plus tard que le testateur pouvait empêcher l'héritier de retenir la quarte.

§ 2. — DEUXIÈME CHEF DU SÉNATUS-CONSULTE PÉGASIEN.

Nous venons d'expliquer la première partie du sénatus-consulte Pégasien ; dans la seconde, on prévoit l'hypothèse où l'héritier refuserait d'accepter la succession. Le sénastus-consulte déclare que, dans cette circonstance, le préteur forcera l'héritier à accepter la succession aux risques et périls du fidéicommissaire. Les actions passeront alors pour ou contre le fidéicommissaire, en vertu du sénatus-consulte Trébellien, sans qu'il soit nécessaire de faire aucune stipulation ; l'héritier ne contribuera pas au paiement des dettes, il ne pourra non plus réclamer le quart de la succession.

Entrons dans les explications. Ce n'est qu'à l'occasion d'un fidéicommis universel que l'on peut forcer l'héritier à accepter, et par fidéicommis universel, on entend celui par lequel on laisse toute la succession ou seulement une quote-part, telle qu'un tiers, un quart.

Il est un cas, cependant, où l'on peut forcer l'héritier à accepter une succession grevée d'un fidéicommis particulier, celui où la disposition a été faite par un militaire; car, alors, par exception, le fidéicommis est réputé universel.

Il est indifférent que le disposant ait employé tels ou tels termes, pourvu que l'intention soit évidente, et, dans le doute, il sera mieux de voir dans la libéralité un fidéicommis universel. L'héritier peut être forcé à accepter, que la succession soit solvable ou insolvable.

Tout fidéicommissaire, quelle que soit sa condition, obligera-t-il l'héritier à se conformer aux dispositions du sénatus-consulte? Sans aucun doute, l'homme libre en faveur duquel a été fait un fidéicommis en a le droit; mais cette faculté est aussi accordée à l'esclave auquel le défunt a laissé la liberté, pourvu qu'elle ne lui ait pas été donnée à terme; car il n'y aurait, dans cette hypothèse, personne à qui l'héritier dût rendre la succession. Au contraire, si la liberté a été accordée purement et simplement et le fidéicommis conditionnellement, l'héritier sera contraint à accepter et à restituer la succession.

L'esclave qui doit recevoir la liberté d'un héritier et la succession d'un autre ne pourra pas forcer ce dernier à faire adition d'hérédité que lorsqu'il aura été affranchi. Aussi, on comprend sans peine que si un légataire était chargé d'affranchir l'esclave, celui-ci n'aurait pas le droit de forcer l'héritier à accepter la succession qu'il est tenu de lui rendre.

Les liens qui existent entre l'héritier et le fidéicommissaire n'empêchent pas celui-ci d'user du bénéfice du sénatus-consulte; ainsi, un fils forcera son père à accepter la succession qu'il a été chargé de lui rendre.

Mais si le testateur a établi deux degrés de fidéicommis, chaque fidéicommissaire aura-t-il le droit d'obliger l'héritier à

accepter ? Si le premier fidéicommissaire ne garde rien de la
succession, l'héritier ne sera pas tenu sur sa demande de faire
adition d'hérédité; pour cela, le concours des deux fidéicommissaires est indispensable; mais le second pourrait à lui
seul forcer l'héritier à l'acceptation, si le premier refusait de
s'adjoindre à lui.

Il n'est pas nécessaire, pour que le second chef du sénatus-
consulte Pégasien soit applicable, que le fidéicommissaire ne
puisse venir à la succession à aucun autre titre; ainsi, le fils
émancipé en faveur duquel existe un fidéicommis, obligera
l'héritier à accepter, quoiqu'il puisse venir à la succession par
la voie de la possession de biens.

Tels sont les fidéicommissaires qui ont droit au bénéfice
du sénatus-consulte. Si l'on se demande maintenant quels
sont les héritiers contre lesquels le senatus-consulte est applicable, il faut répondre qu'il concerne tous les héritiers testamentaires ou ab intestat, légitimes ou prétoriens.

On sait que l'héritier a un certain délai pour réfléchir sur
le parti qu'il veut prendre au sujet de la succession qui lui est
laissée; on serait naturellement porté à penser que, dans cet
intervalle, il ne pourra pas être attaqué par le fidéicommissaire; il n'en est pas ainsi. Lorsque l'institution est pure et
simple, le fidéicommissaire aura le droit de forcer l'héritier
à accepter la succession sans attendre que les délais accordés
pour délibérer soient expirés; seulement, lorsque ce temps
sera écoulé, l'héritier aura le choix ou de garder la succession,
s'il la croit avantageuse, ou de la restituer dans l'hypothèse
contraire.

Lorsque l'institution est faite sous condition protestative, il
faut distinguer : si la condition à faire ne présente pas de
difficultés dans l'exécution, on obligera l'héritier à l'accomplir
et à faire adition d'hérédité; l'héritier serait au contraire

dispensé de remplir la condition dont l'exécution serait diffi-
cile; si la condition consiste à donner une somme, le fidéicommissaire l'offrira à l'héritier qui, après s'être acquitté de
la charge, acceptera et restituera la succession. On avait pensé
aussi, dans ces diverses hypothèses, que si l'héritier refusait
d'accomplir la condition, le fidéicommissaire serait autorisé à
l'exécuter et forcerait ensuite l'héritier à accepter. Il peut se
faire que la condition n'ait pas été mise à l'institution d'héritier, mais au fidéicommis; l'héritier sera obligé à accepter,
même avant l'accomplissement de la condition; mais, évidem·
ment, les actions ne passeraient au fidéicommissaire qu'après
l'événement de la condition. Ce que nous disons est relatif au
cas où l'héritier est institué pour tous les biens du défunt.
Pareillement, lorsque le fidéicommis est à terme, l'héritier
n'en sera pas moins forcé d'accepter avant l'échéance.

Passons à l'hypothèse où l'héritier a répudié la succession ;
dans cette circonstance encore, il sera forcé à l'accepter et à
la restituer.

Lorsque l'héritier prétorien chargé de restituer la succession a laissé passer le délai pour demander la possession de
biens, ou si le fidéicommissaire n'a pu dans le temps nécessaire se présenter devant le préteur pour demander la restitution, on viendra à leur secours en leur accordant le temps
nécessaire pour que le fidéicommis sorte à effet.

Si le testament qui contient le fidéicommis avait été infirmé,
sans aucun doute l'héritier ne serait plus tenu d'accepter la
succession; mais tant que l'infirmation n'a pas eu lieu, et
quand même le testament en soit susceptible, le fidéicommissaire est autorisé à faire accepter l'héritier. Lorsque l'héritier a été forcé à faire adition d'hérédité, il ne sera pas
nécessaire de l'y obliger une seconde fois, si plus tard une
portion d'un héritier défaillant vient accrottre la sienne; cette
part nouvelle reviendra au fidéicommissaire par droit d'accrois·
sement, sans qu'une seconde restitution soit nécessaire.

En même temps que le sénatus-consulte Pégasien oblige l'héritier à accepter la succession grevée de fidéicommis, il met à l'abri de tout préjudice cet héritier ; aussi ne peut-il être obligé par le fidéicommissaire à venir à la succession que lorsque celui-ci se sera engagé à l'indemniser de toute perte que pourrait lui occasionner l'acceptation.

Avant de terminer, considérons les effets de l'acceptation forcée que nous avons seulement indiqués d'une manière vague au commencement de cette section. L'héritier qui accepte forcément la succession pour la restituer au fidéicommissaire n'en est pas moins héritier, et le testament reste valable dans toutes ses parties. C'est là que conduit la rigueur du droit, mais, en réalité, l'héritier c'est le fidéicommissaire auquel passe la succession.

Toutes les actions héréditaires sont données au fidéicommissaire et contre lui, mais aussi elles sont refusées à l'héritier et contre lui. En un mot, ce qui compose la succession est transmis au fidéicommissaire. Ce résultat se présente quand même l'héritier n'eût dû recueillir qu'une partie de la succession ; car, dans cette hypothèse, l'héritier peut demander que le fidéicommissaire prenne l'hérédité tout entière.

Les actions ne passeraient pas moins au fidéicommissaire, s'il refusait la restitution de la succession que l'héritier a acceptée sur son ordre. Elles seraient aussi transmises à son héritier si le fidéicommissaire venait à mourir avant la restitution.

Les charges de la succession passent au fidéicommissaire et c'est de lui que les autres légataires ou fidéicommissaires reçoivent ce que leur a laissé le défunt. Les fidéicommissaires universels obtiendront de lui autant qu'ils auraient dû avoir de l'héritier. Mais quant aux légataires et aux fidéicommissaires particuliers, il retiendra sur eux la quarte à laquelle aurait eu droit l'héritier qui aurait volontairement accepté la succession.

A cé principe nous devons en ajouter un autre : l'héritier qui déclare vouloir répudier une succession comme onéreuse, et qui a été forcé par le fidéicommissaire à l'accepter, ne profitera d'aucun avantage du testament, comme s'il n'eût pas été institué ou qu'il n'eût pas fait adition. Ainsi, il ne jouira pas du bénéfice de la quarte Falcidie ; s'il a été autorisé par le testateur à faire des prélèvements, il ne pourra les exercer. Cependant, l'héritier garde pour lui les fruits et produits casuels qu'il a perçus depuis l'adition, avant d'avoir été en demeure de restituer la succession ; il garde encore ce qu'il a reçu d'un fidéicommissaire particulier pour remplir une condition ; mais il restitue ce qu'il tient du fidéicommissaire de la succession.

§ 3. — DANS QUEL CAS IL Y A LIEU A L'APPLICATION DU SÉNATUS-CONSULTE PÉGASIEN.

Le sénatus-consulte Pégasien fut édicté, comme nous l'avons vu, onze ans après le sénatus-consulte Trébellien ; mais il ne l'abrogea pas, et tous les deux continuèrent à être en vigueur; selon les circonstances, on appliquait ou le premier ou le second.

Si l'héritier n'avait pas été chargé de rendre plus des trois quarts de la succession, on appliquait le sénatus-consulte Trébellien et on donnait les actions héréditaires contre les deux parties, en proportion de ce qu'elles prenaient, contre l'héritier en vertu du droit civil, contre le fidéicommissaire par application du sénatus-consulte Trébellien qui le supposait héritier.

Si l'héritier devait rendre plus des trois quarts, il fallait recourir au sénatus-consulte Pégasien, et l'institué qui avait volontairement accepté devait payer toutes les dettes, qu'il

eût ou non retenu la quarte. Mais quand il la retenait, on faisait les stipulations *partis et pro parte ;* si toute l'hérédité
était rendue, on faisait les stipulations *emptæ et venditæ
hæreditatis.*

Quand l'héritier était chargé de rendre la succession en
prélevant un corps certain, on appliquait le sénatus-consulte
Trébellien ; toutes les charges passaient au fidéicommissaire,
et il gardait l'objet sans contribuer aux dettes comme un légataire. Il fallait donc, pour qu'il y eût lieu à l'application du
sénatus-consulte Pégasien, que l'héritier eût pour lui une
quotité de la succession et non pas un objet particulier.

CHAPITRE IV.

Législation de Justinien sur les fidéicommis.

Justinien modifia la législation sur les fidéicommis en la
simplifiant.

Les stipulations nécessitées par le sénatus-consulte Pégasien, dit-il, avaient déplu à l'antiquité, car le célèbre Papi-
nien les appelait captieuses ; comme nous préférons la sim-
plicité dans les lois aux complications, après avoir examiné
les ressemblances et les différences des deux sénatus-consultes,
nous avons cru devoir abroger le sénatus-consulte Pégasien,
qui est le plus récent, et donner toute autorité au sénatus-
consulte Trébellien.

Justinien n'abroge pas précisément le sénatus-consulte Pégasien, il réunit les dispositions de ces deux monuments de
législation, et il conserve à cette combinaison le nom de sénatus-consulte Trébellien.

Tout héritier grevé de fidéicommis a le droit de retenir un
quart de la succession; ce quart, l'héritier peut le répéter

lorsqu'il a remis la succession sans le retenir; il paie les dettes dans la proportion de la part qu'il reçoit, sans être obligé de recourir à aucune stipulation. Enfin, si l'héritier refuse d'accepter l'hérédité, le fidéicommissaire peut le forcer à le faire pour son compte et à ses risques et périls.

Le fidéicommis universel pouvait être pur et simple, ou sous condition, ou même à terme, comme nous l'avons dit. Nous avons dit aussi qu'avec le temps, on y introduisit une condition qui devint peu à peu générale, et que l'on trouvait dans un très-grand nombre de fidéicommis. Le disposant chargeait souvent son héritier de rendre sa succession, mais seulement quand il mourrait. On ne se contenta pas même de limiter cette condition à l'héritier. On l'imposa à plusieurs générations, on établit plusieurs degrés de fidéicommis. Il en résultait parfois des difficultés; aussi Justinien, désireux de contenir dans de justes limites cette habitude, établit dans une de ses Novelles que le droit de faire des fidéicommis était restreint à quatre degrés.

DEUXIÈME PARTIE.

DROIT FRANÇAIS.

DES SUBSTITUTIONS.

La législation qui a régi les substitutions en France a été soumise à de nombreuses variations, à des modifications diverses dans leur principe et leur fin. En examinant les phases successives par lesquelles elles ont passé, il est facile de reconnaître l'esprit général et les tendances des différents régimes qui ont gouverné notre pays; car tous les gouvernements ont laissé dans leur législation sur les substitutions l'indice des systèmes politiques qu'ils s'efforçaient de faire prévaloir.

Nous diviserons cette étude en trois parties; dans un premier titre, nous résumerons l'histoire des substitutions; nous nous occuperons ensuite des substitutions prohibées, et enfin de celles qui sont permises par exception.

TITRE I. — *Etude historique des Substitutions.*

_____

CHAPITRE I.

§ 1. — DES SUBSTITUTIONS EN ELLES-MÊMES, JUSQU'A L'ORDONNANCE DE 1747.

Avant de nous livrer à une étude approfondie des substitutions, il est indispensable de tracer à grands traits les modifications qu'elles ont reçues depuis l'époque où le droit romain nous les a transmises.

Sous la dénomination de substitutions, les Romains désignaient une institution conditionnelle, subordonnée au défaut d'une première institution; c'est ce que l'on appelait substitution vulgaire. Le testateur, craignant que son héritier ne refusât la succession, en instituait un second pour le cas où le premier institué n'accepterait pas la disposition faite en sa faveur.

A une époque inconnue, le droit coutumier accorda au père de famille la faculté de faire le testament des personnes qu'il avait en sa puissance immédiate, afin que ces personnes eussent un héritier si elles mouraient impubères; telle était la substitution pupillaire. Il y avait encore une dérogation à la règle, que l'on ne peut tester que pour soi-même; elle est connue sous le nom de substitution quasi-pupillaire ou exemplaire. Un père qui a des descendants atteints de folie peut, même quand ils sont pubères, faire leur testament; mais la disposition du père de famille était nulle si le fou revenait à la raison.

Ce n'est pas dans ces institutions qu'il faut chercher l'origine des substitutions du droit français; cette dénomination se rapporte à ce que les Romains appelaient fidéicommis; de là, le nom de substitutions fidéicommissaires. Seulement, dans notre ancien droit, on ne donnait ce nom qu'à la disposition grevée de la charge de rendre à la mort de l'héritier, tandis que chez les Romains, il suffisait qu'il eût charge de rendre, à telle ou telle époque, pour qu'il y eût fidéicommis.

Il ne faut pas croire cependant que cette institution des substitutions fidéicommissaires, qui passa en France avec le droit romain, fût admise dans toutes les provinces de notre pays. Un certain nombre de coutumes prohibèrent entièrement les substitutions; d'autres, qui ne prononcèrent pas leur abolition, restreignirent la faculté de substituer.

Dans les coutumes du Bourbonnais, de La Marche, d'Auvergne et de Sédan, on pouvait faire des substitutions par acte entre vifs; elles n'étaient prohibées que lorsqu'elles étaient contenues dans des actes de dernière volonté.

La coutume de Montargis défendait entièrement les substitutions.

Dans celle de Bassigny, où existait la même prohibition, on les faisait cependant valoir comme legs.

Dans la coutume de Bretagne, il n'y avait de permises que les substitutions qui avaient été autorisées par lettres patentes enregistrées au parlement; toutes les autres étaient nulles. Cette prohibition provenait de ce qu'en Bretagne il était défendu d'avantager un héritier au préjudice de l'autre, et de plus, l'ordre de successions établi par la coutume étant de droit public, celui qui aurait été chargé de transmettre les biens à un autre n'aurait pu valider cette disposition en y consentant après la mort du testateur.

Dans la coutume de Normandie, les substitutions fidéicom
missaires, mises à la charge de l'héritier immédiat, sont
nulles; mais là se borne la restriction, et un donateur ou
testateur peut grever de substitution l'étranger ou le parent,
autre que son héritier immédiat, qu'il gratifie.

Dans la coutume de Hainaut, on appelait renvoi de biens
la substitution faite au profit de toute personne autre que
l'héritier légal de l'institué. La substitution établie en faveur
de cet héritier gardait le nom de substitution.

Dans cette coutume, il était défendu de disposer des fiefs
sous quelque condition que ce fût, et par là-même la substitution et le renvoi de ces biens étaient interdits; mais à ce
point s'arrêtait la défense, et il était permis de renvoyer et
de substituer les biens autres que les fiefs.

Du reste, dans cette coutume, ces dispositions ne produi-
saient pas les mêmes effets que dans les autres pays. Les ren-
vois et les substitutions ne formaient que des règlements ab
intestat et n'enlevaient pas aux personnes qui en étaient gre-
vées le pouvoir de disposer de ces biens ; ces dispositions ne
sortaient à effet qu'à défaut de disposition valable de la part
de l'héritier grevé.

Les coutumes de Meaux, de Chaumont, de Vitry déclarent
nulles les institutions d'héritiers; mais elles ne prohibent pas
les fidéicommis: leur disposition sur les testaments a pour but
d'empêcher que les biens aillent à une personne autre que
l'héritier désigné par les coutumes, et les fidéicommis n'empêchent pas ce résultat.

Les coutumes de Vermandois et de Rheims, permettaient les
substitutions contenues dans des testaments, et on doit en
conclure qu'elles les autorisaient aussi lorsqu'elles étaient
faites par donation, et que c'est par omission qu'elles ne l'ont
pas formellement exprimé.

Dans les provinces ou les substitutions n'étaient pas défendues, la féodalité s'efforça de leur donner un grand développement, elle trouvait dans cette institution un nouveau moyen de se fortifier et de continuer à l'infini la richesse des maisons. Pour arriver à ce but, on faisait les substitutions de mâle en mâle et d'aîné en aîné, et on tendait toujours à les rendre perpétuelles.

Nous avons dit dans notre première partie que dans sa novelle 159, Justinien avait restreint un fidéicommis à quatre degrés ; les docteurs voulaient faire de cette décision une règle applicable à tous les fidéicommis. Mais les cours souveraines avaient rejeté cette interprétation, et un certain nombre de jurisconsultes pensaient avec elles que l'intention de Justinien n'avait pas été de faire une décision universelle qui comprît tous les fidéicommis graduels, mais seulement ceux qui rentraient dans l'hypothèse qui avait été prévue.

D'autres docteurs renfermant la novelle dans son espèce particulière, étaient d'avis que les substitutions auxquelles elle ne s'appliquait pas, devaient être néanmoins limitées à cent ans. Ils se fondaient sur une disposition des lois romaines, décidant que le legs d'un usufruit fait à une communauté, ne pouvait durer plus d. cent ans ; ils prenaient encore en considération la novelle de Justinien, et de là ils induisaient que les fidéicommis ne doivent pas être perpétuels, et ils les limitaient à cent ans. Mais ici encore ils généralisaient un texte qui ne touchait qu'à un cas particulier, celui où l'usufruit séparé de la nue-propriété était laissé à une communauté ; et comme cette dernière ne meurt jamais et que l'usufruit n'est pas de sa nature perpétuel, le jurisconsulte romain en a fixé la durée à cent ans.

D'autres jurisconsultes, avec plus d'apparence de raison, soutenaient que les fidéicommis graduels devaient être arrêtés au dixième degré ; car c'est là, disaient-ils, la limite imposée par la loi aux successions ab intestat , à l'instar desquelles il convient de régler ces sortes de dispositions ; c'est le degré le plus éloigné de parenté et de famille qui ait été reconnu par la loi civile , ajoutaient-ils, qui doit gouverner les substitutions aussi bien que les successions ab intestat.

En présence de ces opinions diverses , il en était encore une dernière , d'après laquelle , en-dehors des espèces particulières pour lesquelles les substitutions avaient été limitées, elles étaient perpétuelles et n'avaient d'autres bornes que celles qu'avait indiquées le disposant.

En présence de semblables divergences d'opinions , et alors surtout que les substitutions accueillies avec tant de faveur par la féodalité devenaient si nombreuses, il n'est pas étonnant de voir s'élever un grand nombre de procès à leur sujet ; aussi était il urgent de leur imposer des règles précises et de mettre un terme à ces tendances diverses qui se manifestaient à l'occasion de ces dispositions.

En 1560 , quelques jours après l'avènement de Charles IX , les Etats généraux s'ouvraient à Orléans. Le 31 janvier 1560, le jour même de leur clôture, parut la célèbre ordonnance qui promulguait , au nom du roi, la plupart des réformes réclamées par les représentants du tiers-état. Cette ordonnance rendue sur les plaintes , doléances et rémontrances des Etats assemblés à Orléans , tel en est le titre, réglait des points nombreux et divers; elle était l'œuvre du chancelier Lhôpital ; elle s'occupait du clergé, de la justice, de la police , des universités et de leurs priviléges, des aides et tailles, des seigneurs et de divers autres points particuliers. Dans son articles 59, elle touchait aux substitutions , sans revenir sur celles qui lui étaient antérieures , elle limitait à deux degrés l'institution non comprise, celles qui seraient faites à l'avenir. Cet article était ainsi conçu : « Et pour couper la racine à plusieurs procès qui se meuvent en matières de substitutions, défendons à tous juges d'avoir aucun égard aux substitutions qui se feront à l'avenir par testament et ordonnance de dernière volonté ou entre vifs et par contrat de mariage, ou autres quelconques, outre et plus avant deux degrés de substitution, après l'institution et première disposition, icelle non comprise. »

Comme nous l'avons dit, l'ordonnance d'Orléans n'avait rien établi au sujet des substitutions qui lui étaient antérieures ; de là encore naquirent des procès à cause de ces dernières qui d'après le titre qui les avait créées devaient s'étendre à plus de deux degrés. L'ordonnance de Moulins combla cette lacune laissée par celle d'Orléans.

En décembre 1565, la reine-mère Catherine de Médicis venait de terminer un voyage, dans lequel elle avait fait avec le Roi Charles IX le tour de la France pour reconnaître par ses propres yeux l'état du royaume. Le Roi avait convoqué à Moulins pour le mois de janvier 1566 les princes, les grands officiers de la couronne, les chevaliers, un certain nombre de prélats et les présidents des Parlements ; le motif donné à la convocation, était l'urgence de remédier aux désordres que le roi avait constatés, et de satisfaire aux doléances qu'il avait reçues pendant son voyage.

Le chancelier Lhôpital, nous dit M. Henri Martin, poursuivait toujours la pensée de cette grande ordonnance d'Orléans, dont les articles les plus importants étaient demeurés sans exécution par les résistances des parlements. L'épuration de la magistrature, la simplification de la justice, le préoccupaient sans cesse ; peu de lois et de bonnes lois, c'était là un de ses axiômes ; il eût voulu substituer autant que possible, dans la jurisprudence, l'équité naturelle à l'érudition indigeste et sophistique ; il avait vu de plus près, en faisant le tour de la France, la corruption de l'ordre judiciaire, et il en était revenu désolé et indigné. Une ordonnance élaborée par le chancelier, fut discutée entre lui et les chefs des parle ments , appelés à Moulins.

En février 1566 parut cette ordonnance qui réunit, développa, compléta les réformes judiciaires partielles opérées depuis l'ordonnance d'Orléans ; elle est intitulée : Ordonnance sur la réforme de la justice. Elle limita à quatre degrés , l'institution non comprise, les substitutions dont la date était antérieure à l'ordonnance d'Orléans, qu'elle confirma dans l'article 57 ainsi conçu : « Et ampliflant l'article de nos ordonnances faites à Orléans pour le fait des substitutions , voulant oster plusieurs difficultés mûes sur lesdites substitutions, auparavant faites, desquelles, toutefois , le droit n'est encore échu, ne acquis à aucune personne vivante : avons dit, déclaré et ordonné que toutes substitutions faites auparavant notre dite ordonnance d'Orléans , en quelque disposition que ce soit, par contrats entre vifs ou de dernière volonté, et sous quelques paroles qu'elles soient conçues, seront restreintes au quatrième degré outre l'institution (exceptez toutefois les substitutions desquelles le droit est échu et déjà acquis aux personnes vivantes, auxquelles n'entendons préjudicier). La fin de l'article s'occupe d'une autre disposition sur laquelle nous reviendrons plus tard.

Les dispositions si claires et si précises de ces ordonnances ne furent cependant pas suivies ; on chercha à y trouver de l'obscurité pour en éluder l'exécution , et ce qu'il y a de remarquable, c'est que les magistrats éminents de l'époque partagèrent l'erreur commune. Le président Brisson qui fut commis par Henri III , nous dit Bretonnier , pour concilier les deux ordonnances, réunit en un seul les articles 59 de l'ordonnance d'Orléans et 57 de l'ordonnance de Moulins, lequel fut ainsi conçu : «Dorénavant toutes substitutions seront restreintes au 4e degré , outre l'institution et première disposition. » Les premiers arrêts du parlement de Paris jugèrent en conséquence que les substitutions s'étendaient à quatre degrés ; mais on ne tarda pas à reconnaître l'erreur et ce même parlement, revenant au sens véritable du texte des ordonnances, établit par ses arrêts que les substitutions faites depuis l'ordonnance d'Orléans étaient limitées à deux degrés, outre l'institution.

Les parlements de Dauphiné et de Provence suivirent cette jurisprudence, ceux de Toulouse et de Bordeaux admirent au contraire quatre degrés de substitution outre l'institution. Celui de Dijon suivit en Bourgogne la doctrine du parlement de Paris ; tandis que dans les provinces de Bresse, Bugey, Gex, Valromey qui furent échangées avec le marquisat de Saluces par le traité fait à Lyon en 1601 entre Henri IV et le duc de Savoie, il s'en rapporta à l'édit de Charles Emmanuel du 4 octobre 1598, d'après lequel les substitutions antérieures à cet édit allaient à l'infini, et les autres étaient restreintes à quatre degrés.

Dans le ressort du parlement de Besançon et de celui de Pau les substitutions étaient permises à l'infini ; ces provinces n'ayant été unies à la couronne que postérieurement à la promulgation des ordonnances d'Orléans et de Moulins.

Une autre question cependant n'avait pas été décidée par ces ordonnances, celle de savoir comment se comptaient les degrés, elle fut réglée par l'ordonnance de janvier 1629 appelée code Michaud, et rendue sur les plaintes des États réunis à Paris en 1614, et de l'assemblée des notables tenue à Rouen et à Paris en 1617 et 1626. Le code Michaud s'occupe du droit civil relatif aux institutions, donations, successions, cessions, faillites, etc ; voici ce qui a trait aux substitutions. « Art. 124, d'autant que les restitutions faites par nos ordonnances des substitutions et fidéicommis, n'empêchent pas que plusieurs procès ne se forment ; ce qui procède tant de l'ignorance de ceux qui font lesdits fidéicommis, lesquels n'entendent la

nature des dispositions de cette qualité, ni les termes sous lesquels elles doivent être conçues, et la diversité des interprétations données en nos cours souveraines. Attendant d'y pourvoir plus amplement, voulons que dorénavant les degrés
desdites substitutions et fidéicommis par tout notre royaume,
soient comptez par tête et non par souches et générations :
c'est-à-dire chacun de ceux qui auront appréhendé et recueilli
ledit fidéicommis fassent un degré, sinon que plusieurs d'eux
eussent succédé en concurrence comme une seule tête, auquel
cas ne seront comptez que pour un seul degré. Déclarons nuls
tous les arrêts qui seront ci-après donnez au contraire de ces
présentes, nonobstant tout usage ancien ou autrement, et sans
préjudice des arrêts ci-devant intervenus. »

« Art. 125, voulons aussi que lesdits fidéicommis ne puissent avoir lieu pour le regard des choses mobilières, si ce
n'est pour pierres précieuses de fort grand prix, ni sembla-
blement qu'ils puissent avoir lieu aux testaments des personnes rustiques, qui vraisemblablement n'entendent ni la nature,
ni l'effet des substitutions, ni des fidéicommis. » Ces textes
introduisaient donc trois règles nouvelles ; ils décidaient que
les degrés se compteraient par têtes et non par souches, que
les fidéicommis ne comprendraient pas des choses mobilières,
une exception était faite pour les pierres précieuses de fort
grand prix ; et enfin que les personnes rustiques étaient incapables de faire des substitutions. « Mais, nous dit Domat,
cette ordonnance n'a pas été bien observée, et dans les provinces qui se régissent par le droit écrit, toutes personnes indistinctement font des substitutions de tous leurs biens. Et
pour les degrés on voit que dans les lieux mêmes où s'est conservé l'usage de substituer jusqu'à quatre degrés, ces degrés
sont encore étendus ; de sorte qu'ils y sont comptés non par
têtes, mais par souches, ainsi plusieurs frères substitués
l'un à l'autre ne font qu'un degré ; au lieu que par cette ordonnance chaque substitué doit faire le sien ; et il ne peut y avoir

deux substitués en un degré que dans le cas où plusieurs substitués sont appelés conjointement pour concourir au fidéicommis dans le même temps, comme si plusieurs enfants étaient substitués ensemble à leur père pour partager le fidéicommis entre eux après sa mort. » Le parlement de Toulouse, à ce qu'il paraît, rendit même, lors de l'enregistrement de cette ordonnance, un arrêt portant que sous le bon plaisir du roi, l'usage contraire reçu dans ce parlement serait gardé nonobstant cet article : cet arrêt se rapportait à l'usage établi dans ce parlement de compter les degrés de substitution par souches.

§ 11. — DE LA PUBLICITÉ DES SUBSTITUTIONS AVANT L'ORDONNANCE DE 1747.

La législation romaine n'avait pas prescrit l'insinuation pour les fidéicommis, de telle sorte que ces dispositions ne recevaient jamais une grande publicité; la seule solennité qui se pratiquait dans cette circonstance était celle avec laquelle avait lieu la représentation, l'ouverture et la description des actes de dernière volonté. Cette solennité se faisait publiquement devant le préteur et en présence des témoins qui avaient assisté au testament. Dans notre ancien droit cette formalité n'était accomplie que dans les pays du droit écrit et encore seulement pour les testaments clos et cachetés et que l'on appelait solennels.

La première ordonnance qui a été rendue à ce sujet est celle du 3 mai 1553 sous Henri II. Beaucoup de procès et de fraudes provenaient des contrats, soit à titre onéreux, soit à titre gratuit, qui restaient secrets; il en résultait que le commerce en souffrait, car l'acheteur craignant d'être évincé ne contractait pas avec un vendeur qui ne trouvait pas de garanties à lui donner.

L'édit de 1553, intitulé : *Edit de création d'un greffier des insinuations en chaque bailliage, prévoté...*, eût pour objet de mettre fin à ces difficultés. Dans l'art. 1er, on y prescrivait l'insinuation des obligations excédant 50 livres tournois et de dispositions entre vifs ou de dernière volonté qui concédaient des droits de propriété, d'hypothèque ou autres droits réels. L'article 4 s'occupait des substitutions : « Pour éviter, y est-t-il dit, les fraudes que pourraient faire les héritiers, tant institués que ab intestat, qui pour frauder les substitués, fidéicommissaires légataires ou donataires, pouraient céler le contenu ès testaments de ceux auxquels ils auraient succédé, et contracté au préjudice d'iceux ès-choses sujettes à substitutions, fidéicommis, donations et legs : voulons et ordonnons que tous testaments portant substitutions, fidéicommis ou legs sujets à retour, soient publiés, insinués et enregistrés ès-juridictions royales, et par les greffiers à ce respectivement par nous commis, et que tous les héritiers, soit institués ou ab intestat, seront tenus de faire publier, insinuer et enregistrer lesdits testaments dedans trois mois après la mort du testateur et qu'ils auront eu connaissance des successions ainsi advenues, et ce sous peine d'être privés d'icelles successions et dommages-intérêts, en que pourraient échoir et encourir lesdits substitués, fidéicommissaires, légataires, acheteurs envers lesquels seront obligés et hypothéqués, non-seulement les biens immeubles, auxdits héritiers échus par lesdites successions, mais si leurs biens immeubles, propres, la quinzaine passée après lesdits trois mois, par faute d'avoir fait leurs insinuations et registrements, laquelle insinuation et publication leur servira, et aux substitués, fidéicommissaires et légataires qui, pour la conservation de leur droit, pourront prendre acte et instrument des clauses desdits testaments, faisant mention de leur substitution, fidéicommis et droits prétendus, et par lesquels ils prétendent être substitués, appelés ou avoir droits ès-dites successions, portions d'icelles ou fidéicommis. »

Cette ordonnance, nous dit Ricart, resta sans vigueur, comme elle ne prononce pas de nullité, mais des peines comminatoires et ensuite qu'elle fût considérée comme odieuse et faite pour donner de l'emploi aux greffiers des insinuations que l'on voulait établir.

L'ordonnance de Moulins, dans son article 57, ordonna encore la publication des substitutions avec plus d'effet et d'exécution; cet article se termine ainsi: «Ordonnons aussi que dorénavant toutes dispositions entre vifs ou de dernière volonté contenant substitution, seront pour le regard d'icelles substitutions publiées en jugement à jour de plaidoyrie et enregistrés ès-greffes royaux plus prochains des lieux des demeurances de ceux qui auront fait lesdites substitutions et ce dedans six mois, à compter, quant aux substitutions testamentaires, du jour du décès de ceux qui les auront faites; et pour le regard des autres, du jour [qu'elles auront esté passées, autrement seront nulles et n'auront aucun effet. »

Le 10 juillet 1566, intervint une déclaration sur les ordonnances d'Orléans et de Moulins, d'après les remontrances du parlement de Paris, ordonnant « que les substitutions, après la publication d'icelles au jugement, seront enregistrées ès-greffes royaux plus prochains des lieux où les choses sont assises, et les demeurances de ceux qui auront fait lesdites substitutions. »

Cette publication des substitutions souleva de sérieuses difficultés et donna lieu à des controverses sur les questions qui en découlèrent. On se demanda naturellement quelles personnes pourraient invoquer la nullité des substitutions qui n'auraient pas été publiées. Certains pensaient que toute personne intéressée pouvait demander la nullité de ces substitutions; ainsi un tiers acquéreur, un créancier de l'héritier institué et l'héritier institué lui-même. D'autres, cherchant l'esprit de l'ordonnance, soutenaient que l'intention du législateur n'avait pas été de récompenser la négligence de l'héri-

tier, dont le devoir était de donner de la publicité aux substitutions, ils ajoutèrent que l'opinion contraire aurait pour effet
d'anéantir toutes ces dispositions. De là des arrêts qui ont
restreint le bénéfice de l'ordonnance aux créanciers et aux
tiers-détenteurs auxquels l'héritier a concédé des droits. Quant
aux héritiers de ce dernier, on ne leur accordait pas plus de
droits qu'à celui qu'ils représentaient.

Ainsi donc les tiers-acquéreurs à titre onéreux et les créanciers du grevé étaient seuls autorisés à faire prononcer la
nullité des substitutions qui n'auraient pas reçu de publicité;
et ce bénéfice était refusé à l'héritier, aux successeurs à titre
gratuit du testateur, et aux héritiers et successeurs à titre gratuit de l'héritier. Le délai fixé par l'ordonnance pour faire
enregistrer les substitutions étant fixé à six mois, on avait pensé
généralement que si elle était faite dans ce délai elle remontait au jour où la libéralité avait eu son effet; tandis qu'elle
n'était utile qu'à partir du jour de sa date, si elle avait eu lieu
après ce délai.

Cette jurisprudence fut confirmée par une déclaration du
25 novembre 1690.

Un nouvel édit du mois de décembre 1703 renouvela l'ordre
de faire enregistrer au greffe des insinuations tous les actes
portant substitution.

La dernière ordonnance qui ait trait à cette formalité porte
la date du 18 janvier 1712.

Cette publication qui résume et complète toutes les dispositions qui ont été prescrites pour donner de la publicité aux
substitutions, ordonne que toutes substitutions soient publiées
et enregistrées, et que cette formalité soit accomplie à l'au-
dience et au greffe de la juridiction royale du domicile de celui
qui a fait la substitution et de la situation des biens; elle prescrit aux héritiers institués ou ab intestat, donataires ou légataires de faire publier et enregistrer les substitutions; elle
établit que les mineurs ne pourront être relevés du défaut

d'enregistrement et de publication, même en cas d'insolvabilité de leurs tuteurs ; enfin elle répète un point de jurisprudence qui avait déjà confirmé la déclaration du 25 novembre 1690.

CHAPITRE II.

Ordonnance de Louis XV sur les substitutions.

Les ordonnances dont nous nous sommes occupés avaient eu pour but de lever les doutes et les incertitudes qui se présentaient en matière de substitution, d'établir des règles précises et de remplacer l'arbitraire par la volonté de la loi. Ce résultat n'avait pas été atteint autant que le désiraient les législateurs.

L'esprit de parti et de système n'osant pas s'opposer directement à la loi, cherchait à arrêter l'exécution en accusant les ordonnances d'être ambiguës et obscures.

Le chancelier d'Aguesseau travaillait dès 1730 à préparer une loi qui fixerait toutes les questions relatives aux substitutions ; désireux de s'entourer des lumières des magistrats de la France, il avait demandé aux Parlements leur avis sur les dispositions que devait renfermer l'ordonnance. Elle fut donnée au camp de la commanderie du Vieux-Jonc, au mois d'août 1747. Nous nous sommes proposé, est-il dit dans le préambule, d'établir l'uniformité de jurisprudence à l'égard des substitutions fidéicommissaires, la matière des fidéicommis, fort simple dans son origine, est devenue beaucoup plus composée, depuis que l'on a commencé à étendre les substitutions, non-seulement à plusieurs personnes appelées les unes après les autres, mais à plusieurs degrés ou à une longue suite de générations. Il s'est formé par là comme un nouveau genre de succession, où la volonté de l'homme prenant la place de la

loi a donné lieu d'établir aussi un nouvel ordre de jurisprudence ; mais le grand nombre de difficultés qui se sont élevées
a fait naître une infinité de procès qu'on a vu même se renou-
veler plusieurs fois à chaque ouverture du fidéicommis, en
sorte que, par un événement contraire aux vues de l'auteur de
la substitution, il est arrivé que ce qu'il avait ordonné pour
l'avantage de sa famille en a causé quelquefois la ruine.

Notre intention n'est pas d'examiner en détail chacune des
dispositions contenues dans cette ordonnance, mais d'en signa-
ler seulement les règles principales.

Après avoir établi dans le préambule que les substitutions
seront faites soit par donation, soit par testament; le législateur, rejetant toutes les distinctions qu'on avait cherché à poser
entre les nobles et les rustiques, permet à toute personne
capable, quelle que soit sa condition, de grever de substitution ses biens immeubles ou meubles. Seulement ces derniers
sont rangés en plusieurs catégories; les bestiaux et ustensiles
servant à faire valoir les terres pourront être conservés en
nature, et le grevé sera tenu de les faire estimer et d'en rendre
d'égale valeur à l'époque fixée pour la restitution ; les meubles
meublants et autres choses mobilières servant à l'usage ou à
l'ornement des châteaux ou maisons seront conservés en nature
dans le cas où l'auteur de la disposition en aura manifesté
l'intention, et enfin les autres effets mobiliers ne seront valablement chargés de substitution que si le disposant a ordonné
de faire emploi des deniers qui en proviendraient. Il faut ajouter encore qu'à la donation qui contient une substitution, doit
être joint un état estimatif des effets mobiliers qu'elle renferme.

Lorsque une substitution a été faite par donation entre vifs
ou par contrat de mariage et qu'elle a été acceptée, elle est
irrévocable et le donateur n'a plus la faculté de la révoquer ou
de la modifier même avec le consentement du donataire. Par
suite du même principe de l'irrévocabilité des donations, une

libéralité entre vifs, pure et simple dès le principe n'est plus
susceptible d'être grevée après coup de substitution. Cependant
si le donataire y consent, l'auteur de la première donation
peut la charger de restitution en faisant une nouvelle libéralité
en faveur du donataire qui n'a plus le droit de revenir sur le
consentement qu'il donne à cette modification.

Confirmant ensuite l'ordonnance d'Orléans, le législateur
limite les substitutions à deux degrés outre l'institution, et
pour celles qui seraient antérieures à l'ordonnance de 1560,
la règle est celle établie par l'ordonnance de Moulins. De plus,
l'article 31 ramené à l'exécution exacte de l'ordonnance d'Orléans, les provinces du royaume qui s'en étaient écartées telles
que la province du Languedoc et où les substitutions avaient
été étendues jusqu'à quatre degrés; mais toutes ces règles
n'ont eu aucun effet rétroactif et n'ont dû être appliquées
qu'aux substitutions qui seraient faites à l'avenir.

Enfin, il y avait dans le royaume des provinces réunies à la
couronne postérieurement aux ordonnances d'Orléans et de
Moulins, ainsi les Pays-Bas français, l'Alsace, la Franche-
Comté et le Roussillon où les substitutions avaient continué
d'être illimitées dans leur durée; le législateur ne voulut rien
innover dans ces provinces par l'ordonnance de 1747, et il se
réserva d'y pourvoir par des lois particulières et locales.

Quant à la manière de compter les degrés, l'article 33 ne
fait que rappeler la règle établie par l'ordonnance de 1629, d'a-
près laquelle les degrés devaient être comptés par tête. Ici
encore cette disposition n'était applicable que pour les substitutions qui seraient faites à l'avenir dans les provinces où on
les avait comptés par souches.

Avant l'ordonnance il y avait divergence d'opinion entre les
auteurs pour savoir si le grevé qui est mort sans avoir déclaré
si sa volonté était d'accepter la libéralité, ou même qui renon-
çait à la disposition faite en sa faveur, devait être compté de
telle sorte que celui qui aurait recueilli après lui formerait le

1er degré; de même encore on se demandait si le substitué qui ne voulait pas accepter le fidéicommis formait un degré. L'article 37 a mis fin à toutes les controverses ; dans ces circonstances le substitué qui vient après le grevé prend sa place et les degrés de substitution ne se comptent qu'après lui ; comme aussi le substitué qui renonce ne forme pas un degré.

Une dernière règle à énoncer est celle d'après laquelle la restitution du fidéicommis faite par le grevé avant l'époque fixée, ne peut pas nuire à ses créanciers et à ceux qui auraient acquis de lui des droits sur les biens substitués.

Les intérêts des uns et des autres sont sauvegardés tant que le moment établi par le disposant pour la restitution du fidéicommis n'est pas arrivé.

Telles sont les dispositions principales que renferme le titre premier de l'ordonnance.

Le titre second concerne les obligations imposées à ceux qui sont grevés de substitutions, soit pour leur donner le caractère de publicité qui leur est nécessaire, soit pour assurer la consistance et l'emploi des effets qui en font partie, soit pour l'expédition et le jugement des contestations qui s'élèvent dans une matière si importante. (*Préambule de l'ordonnance.*)

Dans les trois mois qui suivent la mort du disposant, le grevé est obligé de faire dresser un inventaire de tous les biens et effets compris dans la substitution; les effets mobiliers seront estimés dans l'inventaire; le substitué y assistera et s'il est incapable il y sera représenté. Si un mois après le délai fixé par l'ordonnance, l'inventaire n'était pas fait, le substitué devrait remplir cette formalité; en cas de négligence de sa part, cette obligation passerait au procureur du roi.

Après l'inventaire, le grevé est tenu de faire vendre les effets mobiliers à l'exception de ceux qui peuvent être conservés en nature.

La vente opérée, les deniers qui en proviennent et ceux que

recouvrerait le grevé doivent être employés; le grevé est responsable du défaut d'emploi.

Le législateur passe ensuite à la formalité la plus importante,
à la publicité à donner aux substitutions. Toutes les substitutions fidéicommissaires contenues, soit dans une donation entre
vifs, soit dans un testament, seront publiées et enregistrées à
la diligence du grevé, au lieu de la situation des biens substitués ou acquis en remploi et à celui du domicile du disposant,
dans le délai de six mois à compter du jour où l'acte qui le
contient produit son effet; cette formalité remonte à ce jour
lorsqu'elle a été faite dans k. six mois. Dans le cas contraire
elle n'est opposable aux créanciers et tiers-acquéreurs du grevé
qu'à partir de sa date.

Lorsque les substitutions n'ont pas été publiées elles sont
censées ne pas exister vis-à-vis des créanciers et tiers-acquéreurs du grevé; mais les donataires, héritiers institués, légataires universels ou particuliers, les héritiers légitimes du
disposant, et leurs donataires, héritiers institués ou légitimes, et légataires universels ou particuliers ne pourront jamais
opposer aux substitués le défaut de publication et d'enregistrement de la substitution.

Le législateur désirant assurer la conservation des droits des
substitués et des tiers, ajoutait encore une autre prescription
propre à engager encore plus les grevés à faire remplir les
formalités qu'il prescrivait.

Les grevés de substitution ne pouvaient se mettre en possession des biens substitués qu'en vertu d'une ordonnance délivrée
par le premier magistrat des tribunaux ordinaires, et cette
ordonnance n'était accordée que lorsque le grevé rapportait
l'extrait de la clôture de l'inventaire et l'acte de publication et
d'enregistrement de la substitution.

Ici se terminent les explications que nous avons cru devoir
donner sur l'ordonnance de 1747.

Ce monument législatif était l'œuvre du chancelier d'Aguesseau ; son intention aurait été d'abolir complètement les substitutions ; mais il dut juger la mesure encore impossible. A la
date du 14 juin 1730 il écrivait : « L'abrogation entière de
tous les fidéicommis serait peut-être la meilleure de toutes les
lois. »

Bien d'autres jurisconsultes partageaient son avis. Montesquieu, au contraire, pensait que les substitutions sont utiles
dans le gouvernement monarchique ; que, bien qu'elles gênent
le commerce, ce sont des inconvénients particuliers à la noblesse, qui disparaissent devant l'utilité générale. M. Troplong
écrit, en réfutant ces idées : « En y regardant de plus près,
» Montesquieu aurait pu voir que le faux éclat des fortunes
» substituées ne donnait pas au trône son appui le plus solide
» et à la noblesse sa force la plus réelle. Quel est donc l'intérêt
» essentiel de la monarchie à placer sa base dans de grands
» domaines possédés par un petit nombre de propriétaires,
» plutôt que dans de petits domaines possédés par un grand
» nombre de propriétaires ? Est-ce que celle-ci n'est pas plus
» forte que celle-là ? Est-ce qu'il ne jaillit pas de son sein plus
» de mouvement, de travail, de produits et de richesse ? Est-ce
» que cette activité laborieuse, suite de la liberté du capital,
» n'est pas éminemment favorable au luxe qui s'allie si bien à
» la forme monarchique ? Est-ce qu'une organisation de la
» propriété, conçue de manière à la mettre d'accord avec le
» fidèle accomplissement des engagements civils et commer-
» ciaux, ne tourne pas au profit des mœurs publiques et de
» l'honneur national, cette nécessité des États monarchi-
» ques ? »

CHAPITRE III.

Droit intermédiaire et droit nouveau.

———

§ 1. — Droit intermédiaire.

La législation que nous venons d'étudier régit les substitutions en France jusqu'en 1789. A cette époque une phase nouvelle commença pour cette institution, et les lois furent mises en harmonie avec les principes politiques qu'avait fait triompher la Révolution française. Les substitutions dont le but avait été de créer de grandes fortunes en favorisant un membre de chaque famille au détriment des autres, ne pouvaient plus subsister après la chute de l'ancien régime.

Le 25 août 1792, une proposition fut faite à l'assemblée législative, tendant à décréter la suppression des substitutions et l'égalité des partages. La discussion s'engage sur ce point; plusieurs rédactions sont présentées, et tour-à-tour rejetées. C'est alors que l'on renvoie la question au comité de législation qui préparera un rapport; mais, comme il parut anormal à l'assemblée législative de laisser exister plus long-temps la faculté de substituer, elle disposa, par un décret qui est à la date des 25 août et 2 septembre 1792, « qu'il n'est plus permis de faire des substitutions à l'avenir. »

La convention nationale compléta cette législation par un décret des 25 octobre 14 novembre.

Toutes substitutions étaient interdites et prohibées à l'avenir par l'article 1er; quant à celles qui avaient été déjà faites, mais qui n'étaient pas encore ouvertes; l'article 2 les déclarait abolies et sans effets ; la propriété des biens substitués était consolidée par cette disposition sur la tête de l'institué. Enfin, l'effet des substitutions qui étaient ouvertes à cette époque, était conservé en faveur de ceux-là seuls qui avaient recueilli les biens substitués ou le droit de les réclamer, et les biens devenaient libres entre leurs mains.

La convention nationale atteignit encore les substitutions par le décret des 17-21 novembre an II (6-10 janvier 1794), relatif aux donations et successions. Cette loi maintenait les donations entre vifs, faites légalement avant le 14 juillet 1789, et annulait celles qui étaient postérieures à cette date ; elle déclarait encore nulle les institutions contractuelles et les dispositions à cause de mort dont l'auteur vivait encore ou n'était décédé que le 14 juillet 1789 ou depuis cette époque, quand même elles auraient été faites antérieurement. Ce décret, qui avait trait aux donations et aux dispositions à cause de mort, frappait, quoiqu'il ne les mentionnât pas, les substitutions contenues dans ces actes.

Tel fut l'état de la législation sur les substitutions pendant la période du droit intermédiaire. En examinant de près ces diverses lois, il est facile de reconnaître que la défaveur pour les substitutions est allée en augmentant dans l'esprit du législateur. Le premier décret que nous avons rapporté se borne à les défendre pour l'avenir; le second annule celles qui ne sont pas ouvertes à la date du 2 septembre 1792 ; le troisième va plus loin encore, et annule indirectement celles qui n'étaient pas sorties à effet au 14 juillet 1789.

§ 2. — Droit nouveau.

Merlin dit de la faculté de substituer, qu'elle est, en quelque sorte, de droit naturel, qu'elle dérive du pouvoir qu'a tout donateur d'apposer à sa libéralité telle condition qui lui platt. Les législateurs du Code Napoléon n'ont pas partagé cette manière de voir, et, frappés à juste titre des inconvénients que présentaient les substitutions, ils les ont prohibées.

« Lorsque, par la volonté de l'homme, disait-on au conseil d'Etat, les biens sont transmis d'une personne à une autre, et successivement de degré en degré, il en résulte des conséquences qui méritent une profonde discussion. Il est certain que ce n'est plus un simple transport de propriété; c'est un ordre établi entre les personnes que le donateur appelle pour se succéder les unes aux autres; c'est constituer pour les générations futures l'état et l'organisation de la famille; c'est faire un acte de législation plutôt qu'exercer un droit privé ; c'est, dans sa plus grande latitude, l'exercice de ce pouvoir indéfini que le chef de famille avait chez les Romains, non-seulement sur ses biens personnels, mais encore sur la famille entière : pouvoir qui était une des bases du système de gouvernement et que ne comporte pas notre législation. » Pour faire rejeter les substitutions, on ajoutait encore qu'elles nuisaient à la circulation des biens; qu'elles n'étaient point en en harmonie avec le système d'égalité entre les membres de la même famille, qu'elles donnaient naissance à une foule de procès, et qu'elles étaient préjudiciables aux tiers en prêtant à un individu une solvabilité qui n'avait rien de réel.

Les substitutions, disaient aussi les rédacteurs du Code Napoléon, ne sont pas sans influence dans l'ordre politique et constitutionnel; en effet, si la propriété foncière est à considérer comme une garantie dans la distribution des emplois, il existera un plus grand nombre d'individus avec une fortune donnant une garantie suffisante quand les patrimoines seront répartis, que lorsqu'ils seront dans la main d'un seul dans chaque famille.

Les législateurs du Code Napoléon, pénétrés de la gravité de ces motifs, et persuadés que les subtitutions étaient contraires à la prospérité de l'agriculture, de l'industrie, du commerce, à l'ordre de succéder, à une sage organisation des familles, prohibèrent les substitutions comme l'avait fait la loi de 1792. Mais ils allèrent plus loin que la Convention nationale, et annulèrent en même temps la disposition principale; ils pensèrent, en effet, que le testateur n'avait disposé en faveur du grevé qu'à raison de la charge de rendre qu'il lui avait imposée.

C'est ainsi qu'a été établi le grand principe qui prohibe les substitutions. Cependant, à côté de la règle générale, certaines exceptions ont été admises, dont les unes subsistent encore, tandis que les autres ont été abrogées. La première est celle de l'article 897, qui autorise les père et mère et les personnes sans postérité à établir une substitution au profit, pour les premiers, de leurs petits-enfants, et pour les seconds, au profit des enfants de leurs frère et sœur; il est inutile d'insister sur cette exception, à l'examen de laquelle nous donnerons plus tard des explications étendues.

Une seconde exception est celle qui a trait aux majorats, lesquels furent créés par la loi du 30 mars 1806 et la sénatus-consulte du 14 août 1806. Aussi, lorsque eut lieu la nouvelle promulgation du Code, en 1807, sous le nom de Code Napoléon, cette exception forma la troisième partie de l'art. 896 ainsi conçue : « Néanmoins, les biens libres, formant la dotation d'un titre héréditaire que l'Empereur aurait érigé en faveur d'un prince ou d'un chef de famille, pourront être transmis héréditairement, ainsi qu'il est réglé par l'acte du 30 mars 1806 et celui du 14 août suivant. » L'Empereur Napoléon, désireux d'assurer à sa dynastie le trône impérial, voulut créer une noblesse fondée sur de grands services rendus à la France; cette noblesse nouvelle, qui devait être un des plus fermes appuis de l'Empire, et en même temps ajouter à l'éclat de la couronne du grand conquérant, fut le prix du mérite et du sang versé généreusement pour la France. La loi du 1er mars 1808 compléta l'organisation des majorats.

« L'objet de cette institution, est-il dit dans le préambule de la loi, a été non-seulement d'entourer notre trône de la splendeur qui convient à sa dignité, mais encore de nourrir au cœur de nos sujets une louable émulation, en perpétuant d'illustres souvenirs et en conservant aux âges futurs l'image toujours présente des récompenses qui, sous un gouvernement juste, suivent les grands services rendus à l'Etat. »

Ces diverses lois ont créé deux sortes de majorats, les uns fondés par l'Empereur avec des biens de l'Etat, les autres établis par les particuliers avec l'autorisation de l'Empereur. Les premiers devaient être transmis par ordre de primogéniture aux descendants mâles légitimes et naturels de ceux en faveur de qui ils étaient érigés ; mais si la descendance masculine, légitime et naturelle du propriétaire du majorat venait à s'éteindre, le fief faisait retour à la couronne ; c'est ce que décida la loi du 30 mars 1806.

Mais l'Empereur ne voulut pas se réserver à lui seul la faculté de créer des majorats, et le sénatus-consulte du 14 août 1806 établit que lorsque Sa Majesté le jugerait convenable, elle pourrait autoriser un chef de famille à substituer ses biens libres pour former la dotation d'un titre héréditaire que Sa Majesté erigerait en sa faveur ; dotation réversible au fils aîné, né ou à naître et à ses descendants en ligne directe, de mâle en mâle par ordre de primogéniture.

Le décret du 1er mars 1808 eut pour objet, comme nous l'avons déjà dit, de régler l'institution des majorats.

L'Empereur pouvait prendre indistinctement dans les biens de l'Etat ceux qu'il voulait pour fonder un majorat, sans avoir à observer aucune règle.

Les majorats érigés par les particuliers ne comprenaient que des immeubles et encore fallait-il que ces immeubles fussent

libres de tous privilèges et hypothèques et non grevés de restitution en vertu des articles 1018 et 1019.

Cependant on pouvait y faire entrer des biens frappés d'inscription hypothécaire ayant pour cause des rentes non exigi-
bles ou des créances non actuellement remboursables, à la
condition de fournir avec d'autres biens une sûreté suffisante
pour garantir le majorat de l'effet de ces inscriptions.

Les rentes sur l'Etat et les actions sur la Banque de France
furent comprises parmi les biens qui entreraient dans la composition d'un majorat, pourvu qu'elles fussent immobilisées. Et
les extraits d'inscription de rente, comme les extraits des actions de la Banque portaient un timbre qui indiquait leur
affectation à un majorat. Un décret du 17 mai 1809 introduisit
une innovation en ce qu'il permit à la femme mariée de former avec ses biens propres un majorat en faveur de son mari
et de leurs descendants communs, avec la seule autorisation
du mari.

Il faut ajouter encore que les particuliers, en établissant un
majorat en faveur d'un de leurs enfants, ne pouvaient entamer
la réserve des autres.

Lorsque l'Empereur autorisait la création d'un majorat
ou en établissait lui-même, il le faisait par lettres patentes,
et ces lettres étaient publiées à la cour et au tribunal de première instance du domicile des parties et de la situation des
biens, et transcrites sur le registre du conservateur des hypothèques du lieu où se trouvaient ces biens.

Le titre attaché à chaque majorat était affecté exclusivement
à celui en faveur duquel la création avait eu lieu et à sa descendance légitime, naturelle ou adoptive; mais lorsque le titulaire, voulait adopter un enfant, l'autorisation de l'Empereur
lui était nécessaire.

En principe, avons-nous dit, les majorats passaient de mâle
en mâle; par exception les dotations de sixième classe, ac-
cordées pour cause de blessures graves ou en récompense de

services militaires, étaient transmises, à défaut de mâles, aux filles du donataire par ordre de primogéniture, à la condition, cependant, pour elles d'épouser avant l'âge de 30 ans des militaires en retraite par suite d'honorables blessures ou d'infirmités contractées à la guerre. Si cette condition n'était pas remplie, la dotation faisait retour au domaine extraordinaire de l'Empereur.

Les biens qui étaient entrés dans la composition d'un majorat ne pouvaient être aliénés, engagés ou saisis. Dans l'hypothèse où la dotation avait été faite par un particulier, les enfants de celui-ci avaient le droit de demander sur ces biens le complément de leur légitime.

Tout acte qui aliénait ces biens ou les grevait d'hypothèques ou de priviléges était nul ; la même nullité frappait les jugements qui auraient validé ces actes. Les hypothèques légales ou judiciaires n'atteignaient pas davantage les biens compris dans un majorat.

Enfin, les revenus de ces biens étant insaisissables en général, et l'autorisation de l'Empereur était nécessaire pour faire sur les immeubles attachés à une dotation des travaux ou des réparations considérables.

La prohibition d'aliéner cessait cependant lorsque l'Empereur la levait ; il pouvait même ordonner la vente des biens composant un majorat et situés hors de l'Empire.

Les titulaires qui avaient formé des majorats, pouvaient aussi obtenir l'autorisation de changer en tout ou partie les biens qui les composaient.

Toutes ces autorisations étaient données par lettres patentes, qui étaient soumises à la publicité. Ces lettres spécifiaient les conditions mises à l'aliénation, et si les formalités prescrites n'étaient pas remplies, l'aliénation était déclarée nulle par le conseil d'Etat.

L'acquéreur de ces biens en versait le prix à la caisse

d'amortissement, qui en payait l'intérêt au titulaire, et le prix restait consigné jusqu'à ce que le remploi eût été fait.

Le délai dans lequel il devait avoir lieu était celui de six mois; il était approuvé par un décret revêtu de lettres patentes, qui étaient enregistrées et transcrites.

Si la descendance mâle et légitime de celui qui avait érigé un majorat s'éteignait, le titre était supprimé et les biens devenaient libres dans la main du dernier titulaire; l'Empereur cependant avait la faculté de transporter le majorat sur la tête d'un parent de celui qui mourait sans descendants mâles.

Enfin, des dispositions générales établissaient que les majorats ne conféraient aux titulaires aucun privilége relativement aux autres sujets et à leurs propriétés, et que ces titulaires restaient soumis aux lois civiles et criminelles de l'Empire, à moins que le décret du 1er mai 1808 n'y eût dérogé.

Tels sont les principes généraux des majorats.

L'avénement de la Restauration dont la politique fut bien différente de celle qui avait été suivie pendant la Révolution et sous l'Empire, amena un changement dans la législation des substitutions. Cette troisième modification aux principes de nos Codes porte la date du 17 mai 1826. La Restauration voulut arrêter la division infinie des propriétés, qui résultait du système établi par le Code Napoléon sur les successions, croyant par là donner un appui au gouvernement monar-chique.

Le projet de loi présenté à la chambre des pairs le 10 février 1826, était ainsi conçu : « Art. 1er. Dans toute succession dé-férée à la ligne directe descendante et payant trois cents francs d'impôt foncier, si le défunt n'a pas disposé de la quotité dis-ponible, cette quotité sera attribuée, à titre de préciput légal, au premier-né des enfants mâles du propriétaire décédé.

Si le défunt a disposé d'une partie de la quotité disponible, le préciput légal se composera de la partie de cette quotité dont il n'aura pas disposé.

Le préciput légal sera prélevé sur les immeubles de la succession et en cas d'insuffisance sur les biens meubles.

Art. 2. Les dispositions des deux premiers paragraphes de l'article qui précède cesseront d'avoir leur effet, lorsque le défunt en aura formellement exprimé la volonté par acte entre vifs ou par testament.

Art. 3. Les biens dont il est permis de disposer aux termes des articles 913, 915 et 916 du Code civil pourront être donnés en tout ou en partie par acte entre vifs ou testamentaire, avec la charge de les rendre à un ou plusieurs enfants du donataire, nés ou à naître, jusqu'au deuxième degré inclusivement :

Seront observés pour l'exécution de cette disposition les articles 1051 et suivants du Code civil, jusques et compris l'article 1074. »

La commission de la chambre des pairs conclut à l'adoption de ce projet avec quelques amendements, mais la chambre des députés repoussa énergiquement les deux premiers articles qui tendaient à rétablir des inégalités, des priviléges que la Révolution avait abolis. Le dernier article qui fut le seul adopté apportait plusieurs modifications au Code Napoléon. Les articles 1048 et 1049 ne permettaient de substituer qu'aux père et mère en faveur de leurs enfants, et aux personnes sans enfants au profit de leurs neveux ou nièces; d'après cette loi au contraire toute personne put faire une libéralité grevée de substitution dans les limites des biens disponibles, et la parenté ne fut plus nécessaire entre le disposant et le grevé. Au lieu d'être limitée à un seul degré comme le voulait le Code Napoléon, la substitution put être étendue à deux, et établie au profit d'un ou de quelques-uns des enfants du donataire, tandis que les articles 1048, 1049 et suivants exigeaient qu'elle fût faite en faveur de tous. Enfin, il ne fut pas nécessaire que le second substitué fût un enfant du premier, la substitution continuait son cours pourvu que le second substitué eût la qualité de descendant du premier, sans tenir compte du degré.

Cette loi fut accueillie avec défaveur; car on comprenait que le but des novateurs était de rétablir la grande propriété pour recréer en France un esprit aristocratique; aussi l'effet qu'on espérait de cette innovation ne se produisit pas et la loi de 1826 fut rarement mise en pratique.

Le gouvernement de Juillet à son tour modifia les actes des gouvernements antérieurs sur les substitutions. Mais le mobile qui le dirigea fut entièrement opposé à celui qui avait fait édicter la loi de 1826; la Restauration avait pour but de relever le principe aristocratique; le législateur de 1835 chercha au contraire à rétablir le système d'égalité du Code Napoléon. Ici encore la chambre des pairs et celle des députés adoptèrent chacune dans le principe des résolutions différentes. Toutes deux voulaient abolir les majorats, mais elles étaient divisées ensuite sur l'application du principe. La chambre des pairs laissait subsister les majorats existants et ne les prohibait que pour l'avenir; elle maintenait aussi la loi de 1826 sur les substitutions. Celle des députés au contraire cherchait à éteindre au plutôt les majorats existants, et voulait abroger la loi de 1826.

Il n'est pas sans intérêt de rappeler·comment à la chambre des pairs on résolvait l'objection tirée de ce qu'il y avait contradiction à défendre l'établissement des majorats et à permettre celui des substitutions. Le comte Siméon disait : « Nous prohibons les majorats parce qu'ils avaient été introduits dans des vues politiques qui ont été abandonnées, parce qu'ils étaient une institution aristocratique pour transmettre à perpétuité des titres et des biens qui en formaient la dotation ; nous prohibons les majorats parce qu'ils étaient un privilége qu'il fallait solliciter et obtenir et auquel chacun ne pouvait pas parvenir. Les substitutions n'ont aucun de ces vices; elles n'ont pas été faites dans la vue d'élever sa famille au-dessus des autres ; elles ont un but de conservation accessible à tous. Les majorats et les substitutions sont deux institutions de nature différente ; l'une politique , l'autre civile , l'une tenant au régime aristocratique, l'autre au régime civil de la disposition des biens. » Nous sommes loin de partager l'opinion du comte Siméon , et la différence qu'il signale entre les deux institutions est plus subtile que réelle. Evidemment toutes deux tendaient au même but, qui était de fonder une aristo-cratie,et ce but ne peut être méconnu pour la loi de 1826 lors-qu'on examine ses dispositions et lorsqu'on se rappelle les dis-positions des articles que la chambre des députés ne voulut jamais admettre. Lorsque l'Empereur Napoléon créait en 1806 l'institution des majorats , il disait hautement le but qu'il vou-lait atteindre , il établissait cette innovation sur des bases vrai-ment grandes et larges. La Restauration au contraire, pour ne pas manifester si clairement son intention , ne tendait pas moins à la même fin et l'on ne se méprit pas sur le mobile qui l'avait dirigée.

Les deux chambres, avons nous dit, avaient adopté chacune des dispositions différentes ; après plusieurs discussions, elles se rapprochèrent cependant, et de cette transaction est sortie la loi du 12 mai 1835. Cette loi ne s'applique pas aux majo-rats fondés avec des biens de l'Etat qui ont continué d'exister conformément aux dispositions des lois de 1806 et 1808 : elle n'a atteint que les majorats fondés avec des biens particuliers. Elle en interdit toute institution pour l'avenir , et par là-même abroge le troisième paragraphe de l'article 896. Les majorats qui étaient déjà créés sont limités à deux degrés, l'institution non comprise, c'est-à-dire à deux degrés en comptant pour le premier celui qui recueille après le fondateur ; ajoutons encore que l'intention du législateur , en édictant cette disposition , a été de faire parvenir le majorat au fils et au petit-fils du fon-dateur, et de rendre libres les biens qui le composent seule-ment dans la main de l'arrière-petit-fils. Cet article est une réminiscence des dispositions des ordonnances de 1560 et de 1747. La loi de 1835 permet encore au fondateur d'un majorat de le révoquer en tout ou partie, d'en modifier les conditions pourvu toutefois qu'il n'existe pas d'appelé qui soit marié au moment de la promulgation de cette loi, ou qui ait des enfants d'un mariage déjà dissous. Enfin cette loi n'a apporté aucune modification à celle de 1826 sur les substitutions.

Le dernier acte législatif dont nous ayons à parler porte la date du 7 mai 1849. Le gouvernement provisoire continuant l'œuvre de celui de Juillet s'efforça de faire disparaître toute trace d'inégalité, tout souvenir d'aristocratie quelconque.

L'assemblée nationale réclamait l'abolition pure et simple de l'article 2 de la loi de 1835, mais cette mesure présentait des difficultés, car si d'une part les majorats étaient sujets à de grands inconvénients, d'un autre côté on allait causer de graves perturbations dans les familles ; et il fallait concilier l'intérêt général et celui des parties.

Le législateur de 1849, comme celui de 1835, n'a pas touché aux majorats fondés avec des biens de l'Etat ; relativement aux autres, il a aboli tous ceux pour lesquels deux degrés de transmission avaient eu lieu ; ceux que n'atteignait pas cette disposition continuaient d'être limités à deux degrés, mais en faveur seulement des appelés nés ou conçus à l'époque de la promulgation de la loi. Si à cette époque il n'existait pas d'appelés ou s'ils décédaient avant que leurs droits fussent ouverts, les biens devenaient libres entre les mains du possesseur. La loi de 1849 a en outre abrogé celle de 1826 ; les substitutions déjà établies furent maintenues en faveur de tous les appelés nés ou conçus ; elles profitèrent même à tout appelé postérieurement conçu et occupant le même degré de substitution que les premiers.

Cette loi fit disparaître les modifications apportées au Code Napoléon par les lois de l'Empire sur les majorats et par celle de 1826 sur les substitutions. L'article 896 ne souffre donc plus aucune exception au grand principe qu'il a établi.

« L'abolition des substitutions, dit M. Troplong, a pu paraître un coup hardi à la génération qui n'en avait pas fait l'épreuve, mais l'expérience d'un demi-siècle a démontré à l'époque actuelle les immenses avantages d'un régime de liberté qui laisse la propriété à son mouvement légitime, qui en fait un gage sérieux pour le crédit et un patrimoine assuré à chaque membre de la famille ; les substitutions étaient un obstacle énorme au développement de la richesse publique, elles avaient, sans doute, un certain avantage de conservation, mais elles préféraient une immobilité stérile au mouvement fécond qui donne la vie aux intérêts économiques. Elles favorisaient quelques familles, elles nuisaient au bien général. .

TITRE II. — *Des substitutions prohibées.*

Après avoir examiné les diverses modifications que les législateurs ont apportées aux substitutions, dans le droit ancien et depuis le Code Napoléon, nous étudierons en détail le grand principe de notre droit actuel, par lequel les *substitutions sont prohibées ;* tels sont les termes dans lesquels est conçu l'article 896, sans aucun autre développement.

On définit la substitution, envisagée sous un point de vue général : une disposition par laquelle un tiers est appelé à recueillir une libéralité à défaut d'une autre personne ou après elle ; dans cette définition rentrent également et la substitution vulgaire et la substitution fidéicommissaire. La plupart des auteurs caractérisent cette dernière en ces termes : une disposition par laquelle, en gratifiant une personne, on la

3

charge de rendre l'objet donné ou légué à un tiers que l'on gratifie en second ordre.

Mais toute institution, soit entre vifs, soit par acte de dernière volonté, qui portera les caractères de la définition que nous venons de donner, rentrera-t-elle dans la prohibition? ou bien faut-il distinguer si la charge de rendre doit êtr exécutée à une époque quelconque ou seulement à la mort de l'héritier institué? En scrutant la pensée des législateurs du Code Napoléon, en nous pénétrant des motifs qui les ont amenés à prohiber les substitutions, nous arriverons facilement à la solution de cette question. Sans entrer dans de longs développements, qui seraient superflus après ce que nous avons dit plus haut, nous pouvons indiquer en quelques mots le mobile du législateur: il a voulu anéantir l'institution qui avait pour objet de déranger la transmission légale des successions et de régler un nouvel ordre de successions; il a défendu à la volonté de chaque particulier de se mettre au dessus de la loi et de s'ériger en législateur. En envisageant à ce point de vue l'œuvre des auteurs de nos lois actuelles, nous sommes amenés à définir la substitution prohibée: la clause par laquelle un donateur ou testateur impose à celui qu'il gratifie la charge de conserver la chose donnée jusqu'à son décès, pour la transmettre alors à une ou plusieurs personnes, que le disposant gratifie ainsi en second lieu. Cette définition renferme tous les éléments de la substitution prohibée; elle contient, en effet, la charge de conserver jusqu'à la mort du premier institué et celle de rendre à cette époque.

Il faut, en premier lieu, que la donation ou le testament contienne la charge de conserver. En effet, si le grevé n'était obligé à cela, il n'y aurait pas de substitution; il serait propriétaire irrévocable des biens laissés et pourrait en disposer à son gré, de telle sorte que le résultat fâcheux des substitutions, de rendre les biens immobiles, qu'a voulu empêcher le législateur, disparaîtrait, ces biens ne seraient point retirés du commerce et pourraient être l'objet de spéculations comme tous les autres. Le grevé, disons-nous, est tenu de conserver les biens ; mais il n'en a pas moins sur ces biens un droit de propriété, droit, il est vrai, qui n'est pas définitif et irrévocable, mais qui ne sera résolu qu'autant que l'appelé survivra et sera capable à la mort du grevé.

Le grevé, en second lieu, doit être tenu de conser ver *jusqu'à sa mort* et de *rendre à cette époque*. Ici aucun doute n'est possible ; tel était le droit ancien. Thevenot nous dit, en effet : « Le grevé est présumé n'avoir été chargé de rendre qu'à sa mort, à moins qu'il n'y ait dans la substitution quelque terme ou quelque circonstance qui indique le contraire ; notre usage habituel était de ne substituer que pour le temps du décès du grevé. » De là, les grands abus qu'on a déplorés dans l'ancien système ; de là, les considérations que l'on faisait valoir, soit au Conseil d'Etat, soit au Tribunat, pour prohiber les substitutions ; tout annonce que la pensée des orateurs se portait sur l'ancien mode de substituer.

Remarquons ici que la charge de conserver et de rendre à la mort constitue une substitution prohibée, sans qu'il y ait à tenir compte de la qualité de la personne à laquelle elle est imposée ; ainsi, que le grevé soit donataire du disposant, ou son héritier légitime, peu importe, il y a toujours substitution prohibée. Nous faisons cette observation parce que quelques auteurs prétendent qu'il ne peut y avoir de substitution que lorsque le grevé est un donataire ou un légataire, mais non lorsque c'est un héritier.

Cette opinion ne nous semble pas admissible ; le premier paragraphe de l'article 896 est général : « Les substitutions sont prohibées », y est-il dit, et aucune restriction n'est apportée à cette règle ; le second paragraphe ne parle pas, il est vrai, de l'héritier légitime ; il a pour objet, non pas de prohiber les substitutions, mais seulement de déclarer aussi nulle la disposition principale, donation ou legs, qui renferme la substi-

lution; la pensée qu'il exprime est indépendante de la première, à laquelle elle n'apporte aucune modification.

Le grevé doit être obligé à rendre à sa mort les mêmes
biens qu'il a reçus du disposant; sans cela, il n'y aurait pas
de substitution. Enfin, la disposition qui contient la substitution fournira encore l'indication de la personne à laquelle le
grevé est tenu de rendre. Il n'est pas nécessaire que le testateur ait minutieusement désigné ceux qu'il a gratifiés en second
ordre; il suffit qu'il ne puisse s'élever aucun doute sur leur
individualité.

Toute institution qui contiendra les conditions essentielles
que nous avons indiquées sera une substitution prohibée et
la seule substitution prohibée. En effet, il ne faut pas appliquer à tous les fidéicommis la prohibition de l'article 896 du
Code Napoléon. Toute substitution fidéicommissaire est bien
un fidéicommis, mais tout fidéicommis n'est pas forcément
une substitution fidéicommissaire. Les fidéicommis purs et
simples, les fidéicommis, soit à terme, soit conditionnels,
sont permis et valables, pourvu que le terme ou la condition
ne soit pas la circonstance de la mort du grevé. Dans le
fidéicommis pur et simple, l'exécution n'est suspendue par
aucune condition ni aucun terme; cette disposition s'ouvre
et devient exigible aussitôt que l'acte qui la contient commence
d'avoir son effet, et si la mort du fidéicommissaire arrive
avant la délivrance, ce dernier ne la transmet pas moins à
ses héritiers. La transmission a lieu directement et immédiatement, de la part du testateur, en faveur de celui qui en est
l'objet; celui qui est chargé de rendre n'est qu'un exécuteur
testamentaire.

Dans le fidéicommis à terme, le fidéicommissaire acquiert
aussi un droit au moment où la donation ou le testament sort
à effet; il n'y a que la délivrance qui soit retardée par le
terme.

Le fidéicommis conditionnel est subordonné à un événement futur et incertain ; tant que la condition n'est pas remplie , le droit du fidéicommissaire reste en suspens. On comprend aisément que toutes les fois que la condition ne sera pas la mort du grevé, le fidéicommis conditionnel sera licite, car on ne trouve pas dans ce cas les raisons majeures qui ont fait prohiber les substitutions, et la condition de la mort du grevé est la seule qui puisse établir un nouvel ordre successif.

S'il est nécessaire de ne pas confondre les substitutions prohibées et les fidéicommis qui sont autorisés , il est également indipensable pour la saine interprétation des lois de bien peser les termes qui semblent au premier aspect contenir une substitution. Dans l'ancien droit, on interprétait les fidéicommis avec toute la latitude possible; on les établissait sur de simples conjectures, et , lorsqu'une disposition n'était pas valable à un point de vue, on s'évertuait à la maintenir comme substitution. Aussi, en résultait-il de graves abus ; l'ordonnance de 1747 voulut y remédier; elle exigea que la volonté du testateur fût manifestée d'une manière expresse et que les substitutions ne fussent plus présumées ; cependant on laissa subsister les conjectures qui reposaient sur des textes du droit romain.

Dans l'état actuel de notre législation, qui prohibe les substitutions, nous devons plus que jamais repousser les interprétations arbitraires et conjecturales, et nous ne regarderons comme contenant une substitution que la disposition dans laquelle la volonté du disposant sera évidente. Pendant un certain temps aussi, dans l'ancien droit , on admit comme substitution des libéralités conçues en termes précatifs. Une pareille décision serait aujourd'hui contraire à l'esprit de nos lois; nous exigerons des termes impératifs et obligatoires , ne tenant aucun compte des expressions énonciatives. Il ne faut pas que le disposant s'en rapporte à la volonté de l'héritier, ou lui donne simplement un conseil, mais qu'il lui impose un ordre. Ajoutons encore qu'il n'y a pas de terme consacré et indispensable; il suffit que la volonté de substituer résulte clairement de l'ensemble de l'acte sainement interprété. Dans . cette interprétation des actes qui paraissent contenir une sub- stitution, il importe d'user d'une grande circonspection et, dans le doute, il faut repousser toute idée de disposition pro- hibée, en s'inspirant de cette pensée que le testateur n'est pas censé avoir voulu violer la loi et faire une institution inu- tile. Ainsi donc, toutes les fois qu'une disposition renfermant en apparence une substitution prohibée pourra être mainte- nue comme contenant une clause permise, il faudra la con- server.

C'est par l'application de ces principes que l'on a tiré des conséquences sur lesquelles nous nous arrêterons un instant. Dans l'ancien droit, on appelait compendieuse la substitution qui renfermait à la fois la vulgaire et la fidéicommissaire. Ainsi, j'institue Paul et je lui substitue Pierre; il y avait lieu à la vulgaire si Paul mourait sans avoir recueilli; si, au con- traire, Paul survivait au testateur, il y avait lieu à la substitu- tion fidéicommissaire. Dans notre droit actuel, en présence d'une pareille disposition, il faudrait dire que le testateur n'a voulu faire qu'une substitution vulgaire.

Une libéralité qui renfermerait en apparence une substitu- tion pourrait encore ne contenir en réalité qu'un droit d'ac- croissement; c'est cette dernière hypothèse qu'il faudrait préférer, si l'intention du testateur ne paraissait pas contraire à cette interprétation.

Des dispositions peuvent être faites au profit de plusieurs personnes successivement en cas de survie des unes aux autres; si on peut les considérer comme de simples institutions con- ditionnelles, on devra les prendre dans ce sens plutôt que dans celui d'une substitution prohibée.

Ces espèces particulières relatives aux substitutions, considérées dans les termes qui les contiennent, nous amènent à passer en revue plusieurs cas d'une nature toute différente. Nous avons indiqué les conditions essentielles à la substitution prohibée ; il s'agit de tirer les conséquences de ces principes.

Il est nécessaire, avons-nous dit, pour qu'il y ait substitution prohibée, que le grevé soit tenu de conserver et de rendre la chose même qu'il a reçue du testateur; cela est indispensable pour que la disposition tombe sous le coup de l'article 896, et, toutes les fois que l'héritier sera tenu de rendre autre chose que ce qu'il aura reçu, il n'y aura plus de substitution prohibée.

Une libéralité peut être conçue en ces termes : « J'institue Primus pour mon héritier, à la charge par lui de rendre à sa mort ce qui restera de ma succession à Secundus.» Une pareille clause n'est nullement prohibée, le grevé peut, en effet, aliéner la succession selon son bon plaisir; les biens entre ses mains sont entièrement libres ; et si dans ce cas il y a charge de rendre, celle de conserver n'existe pas; les conditions exigées pour qu'il y ait substitution prohibée ne se trouvent donc pas réunies dans cette disposition.

Une autre hypothèse se rapproche de celle sur laquelle nous venons de nous expliquer; elle se présente lorsque le grevé, auquel l'obligation de conserver et de rendre est imposée, a cependant la faculté d'aliéner *en cas de besoin*. Cette espèce présente-t-elle une substitution prohibée? Tout dépend de la manière dont on interprétera ces mots: *en cas de besoin*. Si l'on entend par là que le grevé ne peut aliéner que s'il y a absolue nécessité, nous rentrerons dans le cas de la substitution prohibée; si, au contraire, on estime que cette faculté est abandonnée au libre arbitre du grevé, il n'y aura alors qu'une disposition permise; il nous semble que sur ce point on ne peut établir une règle fixe et invariable; il faudra étudier l'acte dans son ensemble et chercher à connaître par là quelle a été l'intention du testateur, et cette intention connue nous déterminera à permettre ou à prohiber la clause que nous examinons.

. Il peut arriver encore que le testateur, sans ordonner au premier institué de rendre à sa mort les biens qu'il lui laisse, lui défende d'aliéner entre vifs. On peut dire que cette condition n'implique pas la charge absolue de conserver, mais, en outre, elle n'est pas jointe à l'obligation de rendre à une personne désignée. Si le testateur défendait aussi l'aliénation par acte de dernière volonté, il n'y aurait pas davantage de substitution prohibée; cela ne changerait en rien l'ordre légal des successions; au contraire, par là serait assurée la transmission des biens aux héritiers appelés par la loi.

Si le testateur imposait à l'héritier la charge de conserver et de rendre à celui qu'il choisirait, quel serait le sort d'un testament renfermant cette faculté d'élire? Il est un principe en matière de legs qui annule la disposition faite au profit d'une personne incertaine; cette obligation, imposée à l'héritier, tomberait donc par ce motif. Mais le legs fait à l'institué chargé d'élire serait valable; car, ici, la seconde partie du testament ne sortirait pas à effet, non pas parce qu'elle contiendrait une substitution, mais à cause du legs fait à une personne incertaine, ce qui anéantirait par là-même la charge de conserver et de rendre. Si le choix de l'héritier était cependant limité entre quelques personnes, la disposition ne serait plus faite en faveur d'une personne incertaine, elle renfermerait une substitution prohibée. Dans ce cas encore, il resterait à examiner si, sous cette apparence d'une substitution, ne se cache pas en réalité un mandat de fiducie.

La clause de retour, lorsqu'elle est stipulée au profit du donataire seul, ne renferme jamais une substitution. Comme le remarque M. Rolland de Villargues, il n'y a pas, dans cette

hypothèse, les trois personnes sur lesquelles doit rouler nécessairement une substitution. Le tiers gratifié en second ordre
manque, nous dit ce jurisconsulte, et le donateur qui stipule
le droit de retour ne peut être à la fois le substituant et le
substitué; car pour avoir cette dernière qualité, il faut être
donataire, et l'on ne peut se donner à soi-même sa propre
chose; une pareille donation n'est autre chose qu'une donation
à temps.

Mais il y a une substitution prohibée lorsque le droit de
retour est stipulé au profit d'autres personnes que le disposant.
Ainsi je lègue à Paul à condition que s'il vient à décéder sans
enfants, les biens retourneront à Pierre; il y a dans cette disposition tous les caractères de substitutions prohibées; on y
trouve l'ordre successif; Paul est appelé en premier ordre et
Pierre en second ordre; Paul est obligé de conserver les biens
et de les rendre à sa mort, s'il ne laisse pas d'enfants; nous
rencontrons donc dans cette hypothèse une véritable substitution.

Il serait trop long et inutile de pousser plus loin l'étude des
différentes espèces qui peuvent se présenter. Il appartiendra
aux magistrats de décider, après avoir interrogé la volonté du
testateur, si telle disposition que l'on attaque a tous les éléments indispensables à l'existence d'une substitution prohibée.
Une dernière observation à ajouter: c'est ce qu'il ne faudra voir
une substitution que dans le cas où l'acte interprété dans son
ensemble démontrera que telle était l'intention du testateur,
et cette volonté du disposant ne peut être établie que par l'acte
de disposition.

La preuve de la substitution, disons-nous, ne sera admise
que si elle résulte de l'acte de disposition. En effet, si les
substitutions étaient permises, on n'écouterait pas celui qui
prétendrait les prouver par serment ou par témoin, et en lui
objectant qu'elles ne peuvent être établies que par donation ou
testament; et la preuve qui ne serait pas admissible dans cette

circonstance, ne doit pas l'être davantage lorsque les substitutions sont prohibées. Il est donc constant que la preuve des substitutions ne peut résulter que de l'acte de disposition.

Après avoir étudié les caractères de la substitution, il est naturel de se demander quel est l'effet produit par l'existence d'une substitution sur le testament ou l'acte entre vifs qui la renferme.

La loi de 1792 n'avait annulé que la substitution, laissant intacte la disposition principale; le Code Napoléon est allé plus loin, et il annule aussi l'institution d'héritier. Il a voulu éloigner de l'esprit de tout homme qui songerait à laisser un acte contenant ses dernières volontés, la pensée de faire des substitutions, et pour l'en écarter il déclare qu'il annulera la disposition principale. Le législateur de 1804 a jugé avec raison que la première institution serait souvent accessoire dans l'intention du testateur, et craignant de mal interpréter sa volonté suprême, il prononce en même temps et la nullité de la substitution et celle de la disposition principale, et cela, quand bien même le substitué précèderait dans la tombe le testateur. L'inaccomplissement de la condition par suite de cet événement n'empêcherait pas que la nullité de l'acte en entier fût prononcée. Le simple fait de l'existence d'une substitution suffit pour entraîner cette nullité, sans qu'on ait à se préoccuper des événements ultérieurs à la manifestation de la volonté du disposant.

Il paraît, d'après ce que nous dit Merlin, que, dans l'origine, les tribunaux n'étaient pas unanimes pour admettre ce principe, cependant incontestable. « Les esprits, nous dit-il, étaient étrangement divisés sur ce point, et, en 1808, on venait devant la Cour de Cassation soutenir que la disposition principale n'était pas annulée. Cette question, continue le même auteur, ne paraissait pas devoir naître du texte qui y donne lieu, et il a fallu toute la perspicacité de l'intérêt personnel pour trouver au texte de l'article 896 un sens différent de celui qu'il présente à première vue, et il n'est personne de bonne foi qui ne convienne qu'à la première lecture qu'il a faite de cet article, sa pensée a été qu'il annule non-seulement la substitution, mais encore la donation, le legs ou l'institution d'héritier. » Telle était l'opinion de Merlin, et on comprend aisément que telle fût aussi celle de la Cour de cassation ; on peut ajouter que cette question, sur laquelle la jurisprudence a été incertaine, dans les premiers temps qui ont suivi la mise en vigueur de nos lois actuelles, n'en est plus une aujourd'hui ; la doctrine et la jurisprudence sont unanimes pour admettre ce grand principe. Il ne faudrait pas cependant dépasser le but et la volonté du législateur : la disposition principale est nulle tout entière, mais celle-là seulement est nulle, et les legs que contiendrait en outre le testament seraient valables.

Ainsi dans une donation un immeuble est donné à Primus, un autre à Secundus avec la charge pour celui-ci de rendre à sa mort l'immeuble à Tertius ; dans cette hypothèse la charge de rendre imposée à Secundus constitue une substitution prohibée qui est nulle et rend aussi nulle la disposition principale faite à Secundus, mais la libéralité dont a été gratifié Primus reste valable. En supposant maintenant une donation faite à Paul d'une maison et d'une ferme, à la charge de rendre à sa mort la maison à Pierre, la donation sera annulée tout entière parce que la ferme comme la maison sont données à la condition de rendre la maison.

Si une substitution était nulle par elle-même, indépendamment de la prohibition de l'article 896, la substitution seule serait nulle, et la disposition principale resterait valable. Il est de principe, en effet, que les actes nuls ne produisent aucun effet et sont considérés comme s'ils n'avaient jamais existé. Si la substitution était nulle par exemple pour vice de forme, dans l'hypothèse où elle a été faite par un acte postérieur, elle serait réputée ne pas exister et par conséquent la disposition principale ne serait pas annulée.

Mais il peut arriver que l'auteur d'une disposition, soit entre vifs, soit testamentaire, déclare que, dans le cas où le legs qu'il fait en second ordre serait prohibé par la loi, il dispose de ses biens en faveur du premier institué ou encore au profit du substitué. Une pareille clause ne contient rien d'illicite, et nous admettons, en principe, que le testateur peut faire une telle attribution. Cette disposition est, en effet, incompatible avec toute idée de substitution; le testateur est incertain sur la validité de la libéralité qu'il va faire, et comme il tient à ce que la manifestation de sa volonté ne soit pas sans effet, il va au devant de la difficulté; il ne veut pas que l'on se méprenne sur ses intentions, et alors il ordonne que, dans l'hypothèse où sa disposition serait illicite, on attribue ses biens soit au grevé seul, soit au substitué, soit même à tous les deux. En d'autres termes, il fait une nouvelle libéralité dans laquelle il déclare que si la première n'est pas valable, il la détruit, il l'annule, et fait une nouvelle distribution de ses biens; cette seconde partie de la disposition vient défaire la première, et cette clause empêche la substitution de naître.

La nullité d'une substitution peut être demandée par tous ceux qui ont intérêt à ce qu'elle soit annulée; ainsi par les héritiers légitimes, lorsque la substitution est mise à la charge d'un légataire universel; par le légataire universel seul, lorsqu'elle est imposée à un légataire particulier.

On s'est demandé si les juges pourraient suppléer d'office le moyen de nullité résultant de la substitution; il est évident que cette nullité étant d'ordre public, les magistrats devraient le faire, toutes les fois que l'annulation de la disposition serait demandée par des voies autres que celle fondée sur la prohibition de l'article 896. Mais ils dépasseraient les limites de leur pouvoir s'ils déclaraient nulle une semblable disposition lorsque aucune action en nullité n'aurait été intentée.

Telle est l'analyse des principes que contient l'article 896. Avant de terminer cette partie, nous avons encore à expliquer les articles 898 et 899.

La substitution fidéicommissaire est prohibée par l'article 896; l'article 898 vient, au contraire, déclarer valable celle que le droit romain appelait vulgaire. Le testateur peut, après avoir institué un héritier, en désigner un second pour le cas où le premier ne viendrait pas à sa succession. Les raisons qui ont déterminé le législateur à édicter l'article 896, n'existent plus dans le cas prévu par l'article 898, et la substitution vulgaire ne présente aucun des inconvénients de la substitution fidéicommissaire; bien plus, une atteinte aurait été portée à la liberté, si cette disposition eût été repoussée par la loi. On devait laisser à un mourant l'espérance que, après lui, ses biens passeraient en des mains qu'il aurait choisies.

Toutes les fois que le premier institué ne recueillera pas la succession pour un motif quelconque, l'héritier désigné en second ordre sera appelé. Il n'y aurait pas cependant lieu à l'ouverture de la substitution vulgaire, si le premier institué décédait avant d'avoir manifesté son intention d'accepter ou de refuser; il laisserait dans son patrimoine la succession au sujet de laquelle il n'aurait pris aucun parti.

La substitution vulgaire n'est pas prohibée, la clause par laquelle l'usufruit est attribué à l'un et la nue-propriété à l'autre, ne l'est pas davantage. Il n'y a nullement, dans ce cas, charge de conserver et de rendre; chaque donataire ou légataire reçoit du disposant une libéralité distincte de celle qui est laissée à l'autre; ce sont deux choses différentes qui leur sont données, et chacun d'eux tient son droit du disposant seul, et lorsque le donataire de l'usufruit mourra, cet usufruit retournera à celui qui a la nue-propriété; mais, cette nouvelle acquisition qu'il fait, il la tient du testateur et non pas de celui qui jouissait de l'usufruit, car cet usufruit échappe à ce dernier au moment de sa mort.

Il en serait ainsi , même lorsqu'un testateur léguerait l'usu-fruit à une série plus ou moins longue, mais déterminée , de personnes. Il y a , dans ce cas , autant de legs distincts que de personnes appelées, legs valables pour celles qui existeront au moment du décès du testateur , et legs caducs pour les autres. Et ici , lorsque arrivera la mort de chaque usufrui-tier , celui auquel l'usufruit passera recevra son droit de l'héritier institué, lequel lui livrera , en vertu du testament , car c'est du défunt que chaque usufruitier tient son droit.

Cependant , sous l'apparence de legs successifs d'usufruit , pourrait se cacher une substitution ; dans ces circonstances , les juges apprécieront pour décider s'il y a substitution ou bien le cas prévu par l'article 899 ; dans le doute , il faudra voir plutôt la disposition que permet l'article 899.

Le législateur du Code Napoléon , qui a jugé un article for-mel nécessaire pour permettre la substitution vulgaire , ne s'est pas expliqué sur ce que l'on appelait à Rome substitutions pupillaire et quasi-pupillaire. Un texte formel était inutile , car il est un principe qui domine toute la matière des testa-ments, c'est que l'on ne peut tester que pour soi-même. Et on le comprend sans peine ; car un acte qui n'a pour principe et pour mobile qu'un sentiment d'affection ne peut être l'œu-vre d'une main étrangère.

TITRE III. — *Des dispositions permises en faveur des petits-enfants du donateur ou testateur, ou des enfants de ses frères et sœurs.*

§ 1. — QUELLES DISPOSITIONS SONT PERMISES.

Nous avons donné à cette partie le titre que le législateur lui-même a indiqué pour une institution dont la dénomination véritable et réelle est celle de substitution.

Les rédacteurs du Code Napoléon, qui avaient présents à l'esprit les inconvénients de ces créations de l'ancien régime, refusèrent le nom de substitution à des dispositions qui ne donnaient pas lieu aux abus contre lesquels on avait si énergiquement protesté.

Il ne faudrait pas croire qu'après avoir prohibé en principe les substitutions, le législateur soit arrivé, sans aucune autre transition, à s'occuper de l'exception dont nous commençons l'examen. Ce n'est, au contraire, qu'après avoir discuté et rejeté des dispositions bien différentes, qu'il s'est arrêté aux principes posés dans le chapitre VI du titre des Donations et Testaments.

Dans l'ancien droit, lorsque des enfants s'étaient montrés indignes des bienfaits de leurs père et mère, ceux-ci pouvaient les exhéréder. Les rédacteurs du Code Napoléon ont rejeté l'exhérédation. Ne voulant pas cependant laisser la puissance paternelle sans autorité, et désirant prévenir les penchants dissipateurs d'un fils, le Conseil d'État eut la pensée de faire passer les biens aux petits-enfants, en ne laissant au fils que l'usufruit de sa portion héréditaire. Lorsque la discussion sur ce titre commença, on trouva à ce projet de grands inconvénients, et les modifications qui lui furent apportées l'ont réduit aux dispositions contenues dans les articles 1048, 1049, 1050 et suivants.

La loi a voulu, par les règles qu'elle a tracées, venir au secours des intérêts d'une famille que pourraient menacer et compromettre, soit les dissipations d'un fils, soit une profession qui exposerait à des revers de fortune. Il résulte de ces articles que deux sortes de personnes ont la faculté de faire des substitutions. Les père et mère peuvent imposer à un ou plusieurs de leurs enfants la charge de rendre; les personnes sans enfants ont la même liberté vis-à-vis de leurs frères et sœurs.

Ces dispositions porteront seulement sur la portion disponible et seront faites au profit de tous les enfants sans distinction, nés ou à naître des donataires.

L'article 1048 ne parle que de père et mère et d'enfants, aussi pensons-nous qu'il faut rejeter une opinion qui étend à l'aïeul la faculté de faire une substitution ; ces dispositions, permises aux père et mère, sont des exceptions qu'il est nécessaire de renfermer dans leurs termes.

Le but du législateur, lorsqu'il a admis ces exceptions, nous amène encore à dire qu'on ne peut grever de substitutions que les enfants légitimes ou légitimés, et non pas les enfants naturels, à la charge aussi de rendre à des enfants légitimes ou légitimés.

Lorsque le texte de nos articles, après avoir parlé des père et mère, accorde aux frères et sœurs la même faculté de substituer, il ajoute : s'ils meurent sans enfants.

L'exception que nous étudions, en effet, a été admise, non pas pour introduire un nouvel ordre successif, mais pour venir au secours de la succession légitime. Cette exception est dans l'intérêt des enfants d'une personne qui devrait venir ab intestat à la succession ; si le frère ou la sœur laissait un enfant, celui-ci serait héritier, et la substitution permise en faveur du frère n'aurait pas alors pour but de venir au secours des règles de succession légitime, en garantissant la transmission des biens aux enfants de celui qui doit hériter.

Cette observation nous aidera dans la solution de plusieurs questions controversées. Si un frère qui aurait usé de la faculté laissée par les articles 1048 et 1049 avait, à l'époque de son décès, un enfant adoptif, sa·libéralité deviendrait nulle, car l'adopté est le successeur légitime du père adoptant.

Il n'en serait pas ainsi lorsque au lieu d'un enfant adoptif ce serait un enfant naturel que laisserait le donateur ou testateur ; les descendants naturels ne sont pas héritiers réguliers de leurs père et mère ; le droit ancien nous fournit aussi un argument en faveur de cette solution.

Si les enfants de celui qui aurait grevé de substitution son frère renonçaient à sa succession, la disposition serait valable ; dans cette circonstance, en effet, ce serait le frère du disposant qui hériterait, en sorte que le danger de voir les biens dissipés se présenterait comme si les enfants du disposant n'existaient pas.

L'époque du décès du testateur ou donateur est donc à considérer pour savoir si la libéralité est valable ; et peu importerait qu'au moment où la substitution a été faite il y eût des enfants, si depuis lors ils sont décédés. Cependant, même au cas où, au jour du décès, le disposant n'aurait plus d'enfants, la substitution tomberait si elle avait été faite par donation, et si postérieurement il était survenu un enfant au donateur. Le principe qui révoque de plein droit les donations pour survenance d'enfant, n'a reçu aucune exception dans les articles 1048 et 1049, et la mort postérieure des descendants ne suffirait pas pour faire renaître une libéralité révoquée et éteinte.

Après avoir examiné quelles personnes sont autorisées à imposer la charge de rendre à leurs donataires, interrogeons les dispositions de la loi pour savoir au profit de quelles personnes il est permis d'établir une substitution. Les articles 1048 et 1049 nous disent : « Au profit des enfants nés et à naître au premier degré des donataires. » Plusieurs explications ont été présentées sur ces mots : *au premier degré;* certains ont prétendu induire de là qu'un seul degré de substitution était permis, sans tenir compte du degré de parenté existant entre le père et les appelés. D'autres ont soutenu que le *premier degré* est le degré le plus proche et qu'aucun ne précède, quand même les appelés ne seraient pas les enfants du grevé. Ces solutions nous paraissent inadmissibles, et les mots au *premier degré* ne peuvent raisonnablement signifier que la première génération et non pas le premier degré de substitution ; ils n'indiquent pas davantage le degré le plus proche qui ne serait précédé d'aucun autre. A l'appui de cette opinion, nous avons l'esprit du Code et la place occupée par ces mots ; ils signifient donc les enfants naissant au premier degré des donataires.

Enfin, la substitution ne peut porter que sur les biens disponibles, et doit être au profit de tous les enfants. Le législateur a voulu que l'égalité la plus complète régnât entre les membres d'une famille ; il a proscrit pour toujours les distinctions de sexe et les préférences particulières, qui étaient contraires aux vrais principes du droit et blessaient les liens du sang.

La libéralité sera au profit de tous les enfants nés ou à naître ; on a dû ici faire une exception à la règle qui défend d'instituer des personnes qui ne sont pas conçues ; cette exception était impérieusement exigée par le principe d'égalité absolue que la loi a voulu maintenir entre les enfants.

L'article 1051 est aussi une conséquence nécessaire de la règle qui ne permet la substitution qu'au profit de tous les enfants; il autorise les enfants de l'appelé mort avant le grevé à représenter leur père lorsque la substitution sera ouverte; dans une circonstance où la loi cherche à venir en aide aux descendants par la substitution, elle n'a pas dû les priver des avantages qu'ils auraient eus, si la succession leur fût échue en vertu des dispositions de la loi. Mais la substitution s'éteindrait, si tous les enfants du grevé décédaient avant lui.

La substitution est autorisée si elle réunit les conditions que nous avons signalées. Ici encore, il n'y a pas de termes sacramentels que doive employer le donateur ou testateur; ce qu'il importe, c'est que la volonté du disposant, clairement manifestée, ne renferme rien de contraire aux dispositions de la loi; car, si les conditions qu'elle exige étaient violées, la charge de rendre serait nulle et entraînerait aussi dans sa nullité l'institution principale. Cependant, si la substitution dérogeait à la loi, en ce seul point que la réserve serait entamée, la nullité ne serait pas la conséquence de cette irrégularité; la libéralité resterait valable, seulement elle serait réduite à la quotité disponible.

Dans cette matière des dispositions permises en faveur de petits-enfants ou de neveux et nièces, les rédacteurs du Code Napoléon avaient présents à l'esprit les principes posés dans l'ordonnance de 1747; ils en ont reproduit une disposition dans l'article 1052. Un donateur peut avoir fait une libéralité par acte entre vifs à un enfant, à un frère ou une sœur, sans le grever de restitution; si, plus tard, le donateur propose une nouvelle libéralité au même donataire, mais à la condition qu'il sera chargé de rendre tous les biens qu'il aura reçus de lui, le donataire sera libre, il est vrai, de refuser une offre pareille; mais, s'il l'accepte, il ne pourra plus y revenir sous aucun prétexte. Le législateur a dû s'expliquer sur ce point; car, autrement, le principe de l'irrévocabilité des donations se serait opposé à ce résultat.

Quelques auteurs sont allés plus loin, et ont ajouté que, dans ce cas, lorsque les libéralités successives dépasseront la quotité disponible et entameront la réserve, la charge de rendre sera irrévocable pour tous les biens même réservés. Cette doctrine n'est pas fondée, à notre avis, en ce qui touche les donations, et le donataire auquel est imposée la charge ne peut valider par son acceptation une disposition qui ferait porter cette charge sur sa part de réserve. La réserve, en effet, est la succession, et l'acceptation par le réservataire de la condition dont il s'agit, constituerait une renonciation à une succession non encore ouverte, et c'est ce que défend l'article 1130.

Lorsqu'une seconde libéralité sera ajoutée à une première et imposera au donataire la charge de rendre pour tous les biens, il est hors de propos de dire que cette nouvelle stipulation ne portera aucune atteinte aux droits que le donataire aurait accordés à des tiers sur les biens compris dans la première libéralité.

Nous ne croyons pas non plus qu'il faille insister sur la question des actes par lesquels la substitution peut être établie ; elle sera faite, soit par testament, soit par donation, et les règles de ces actes devront être observées. Rappelons seulement ce que nous avons déjà dit, qu'il ne sera pas nécessaire que l'appelé soit conçu au moment de la mort du testateur, si la libéralité est contenue dans un testament, ou au moment de la donation, lorsque telle est la forme qui a été employée ; pour que la substitution soit valable, il suffit que le substitué soit conçu à la mort du grevé.

Il n'est pas non plus exigé que l'appelé accepte pour que la libéralité soit irrévocable ; les parties, qui sont ici le donateur et le grevé, stipulent pour lui et le représentent. Cette observation est une exception au principe de l'article 1121, suivant lequel le donateur, qui stipule dans l'intérêt d'un tiers, conserve le droit de retirer son offre tant que la personne à laquelle elle est faite ne l'a pas expressément ou tacitement acceptée ; mais c'est aussi une application, un peu étendue, il est vrai , de l'article 935 qui permet aux ascendants d'accepter les donations offertes à leurs descendants.

§ 2. — DES MESURES PRISES DANS L'INTÉRÊT DES APPELÉS ET DES TIERS.

L'intérêt des appelés exigeait que leurs droits fussent surveillés pendant la jouissance du grevé, et que l'administration de celui-ci ne diminuât pas la libéralité qu'ils pourront recueillir un jour.

On peut ramener à quatre points les formalités à remplir dans leur intérêt ou dans celui des tiers : 1° nomination d'un tuteur; 2° inventaire; 3° vente du mobilier et emploi des capitaux ; 4° publicité de la substitution.

1° De la nomination d'un tuteur.

Dès que la substitution a été faite , les droits des appelés doivent être protégés ; lorsque la libéralité est contenue dans une donation , c'est le disposant qui, pendant le reste de sa vie, veillera à leurs intérêts ; à sa mort, c'est un tuteur spécial qui sera préposé à la surveillance et à la sauvegarde de leurs droits conditionnels. Cette tutelle diffère en certains points de celle des mineurs. Comme tous les autres, le tuteur à la substitution prendra toutes les mesures nécessaires dans l'intérêt des appelés; mais il est seulement tuteur aux biens, car il n'a pas à s'occuper de la personne des appelés; aussi faut-il qu'il soit nommé, même lorsque les appelés sont majeurs, ou, qu'étant mineurs, ils ont déjà un tuteur. C'est donc un tuteur tout à fait spécial. En cas de négligence il est responsable, mais il ne serait pas tenu hypothécairement.

Enfin, il n'y a pas lieu à la nomination d'un subrogé-tuteur. Tels sont les points par lesquels cette tutelle diffère de la tutelle ordinaire, dont les règles devront être suivies toutes les fois qu'il n'y aura pas été dérogé.

Le disposant peut nommer lui-même ce tuteur, soit dans l'acte contenant la substitution, soit dans un acte postérieur, et le texte de la loi exige que, dans cette seconde hypothèse, la forme authentique soit employée. Malgré cette expression, il nous paraît hors de doute qu'un testament olographe pourrait contenir cette nomination.

Lorsque l'auteur de la substitution n'aura pas nommé de tuteur, ou si le tuteur nommé se fait excuser, le grevé ou son tuteur, s'il est mineur, sera tenu de faire procéder à cette nomination dans les formes usitées en pareil cas pour la tutelle ordinaire.

Le délai dans lequel le grevé doit remplir cette obligation est celui d'un mois, à dater du jour du décès du disposant, ou de celui depuis lequel la substitution a été connue; il importe, en effet, que les intérêts des appelés soient surveillés immédiatement.

La loi n'a pas dû laisser sans aucune sanction ce devoir imposé au grevé; aussi l'article 1057 porte-t-il que : « le grevé qui n'aura pas satisfait à cette obligation sera déchu du bénéfice de la disposition, et, dans ce cas, le droit pourra être déclaré ouvert au profit des appelés, à la diligence, soit des appelés s'ils sont majeurs, soit de leurs tuteurs ou curateurs, etc. »

Des difficultés nombreuses ont été soulevées sur l'application de cet article. Les termes dans lesquels il est conçu indiquent, à notre avis, que la déchéance dont il parle ne sera encourue par le grevé que lorsque des appelés existeront et à leur profit; dans le cas contraire, le tribunal ne pourra ordonner que des mesures conservatoires dans l'intérêt des appelés à naître; c'est, en effet, en leur faveur que cette disposition a été introduite, et tant que ceux que la loi cherche à favoriser n'existent pas, la question de savoir si le grevé ne restera pas toujours propriétaire des biens compris dans la libéralité est fort incertaine. Or, si on allait déclarer déchu le grevé lorsqu'il n'existerait pas d'appelés, et remettre les biens aux héritiers ab intestat du disposant, qu'arriverait-il s'il ne naissait aucun appelé? C'est que les biens resteraient à des héritiers que n'a jamais eus en vue l'auteur de la libéralité contenant charge de rendre. Il n'y aura donc lieu à appliquer l'article 1057 que lorsqu'il existera des appelés; mais alors, les juges n'ont aucune appréciation à faire; ils sont obligés de déclarer la déchéance du grevé; et lorsque, dans la seconde partie, le législateur emploie le terme *pourra*, il n'a eu qu'un but, celui d'indiquer les personnes qui auraient le droit de faire déclarer ouverte la substitution. Ces personnes sont les appelés, s'ils sont majeurs, leur tuteur ou curateur, s'ils sont mineurs interdits; les parents des appelés; le procureur impérial près le tribunal de première instance du lieu où la succession est ouverte.

La même déchéance serait prononcée contre le grevé mineur pourvu d'un tuteur; cela résulte des articles 1056, 1057, 1074 combinés. Mais si, dans le délai fixé pour la nomination du tuteur à la substitution, le grevé mineur était resté sans tuteur, évidemment on ne pourrait lui infliger la peine dont parle l'article 1057; ce serait alors aux personnes intéressées à faire nommer promptement un tuteur grevé.

Il nous reste à examiner, sur ce point, si la délivrance qui est faite aux appelés vivants lors de la déchéance du grevé est provisoire ou définitive. Cette ouverture de la substitution n'est que provisoire, et la mort seule du grevé réglera les droits des appelés d'une manière définitive. Autrement le but que la loi a voulu atteindre, d'établir l'égalité la plus complète

entre tous les enfants du grevé serait manqué, et on s'éloi-
gnerait également de la volonté du testateur, qui a eu le des-
sein de faire profiter de la charge de rendre les enfants seuls
du grevé qui lui survivraient, ou leurs descendants, auxquels
la loi accorderait le bénéfice de la représentation.

2° *Constatation des biens compris dans la substitution.*

Les droits des appelés ne seraient pas sauvegardés s'il
n'était pas constaté d'une manière précise quels biens sont
compris dans la substitution. C'est pour cela que la loi ordonne
au grevé de faire procéder à *l'inventaire de tous les biens et
effets* qui composeront la succession. L'esprit de la loi doit
nous faire donner à ces dernières expressions leur véritable
sens; le législateur, en employant le mot *inventaire* pour
tous les biens, s'est servi d'un terme générique; c'est un inventaire qui sera exigé pour les meubles et un état pour les
immeubles.

Cette formalité, nécessaire lorsque la disposition contenant
charge est universelle ou à titre universel, n'est pas exigée
lorsqu'il ne s'agit que d'un legs particulier.

Les frais de l'inventaire seront pris sur les biens contenus
dans la substitution. Si toutefois une circonstance autre que
l'existence de la substitution exigeait un inventaire, la masse
entière des biens en supporterait les frais.

Comme le tuteur est chargé de surveiller les droits des appelés, l'inventaire sera fait en sa présence. Le grevé a un délai
de trois mois pour remplir cette formalité. Si ce délai s'écou-
lait sans qu'il eût été procédé à l'inventaire, le tuteur serait
tenu de le faire faire dans le mois suivant. Si ce dernier né-
glige ce devoir, le droit de le requérir passe alors aux appelés,
à leurs parents et au procureur impérial. Dans tous les cas,
le grevé ou son tuteur, et le tuteur à la substitution seront
appelés à l'inventaire.

Ajoutons enfin que les meubles et effets mobiliers doivent être estimés dans l'inventaire.

3° *Vente du mobilier et emploi des capitaux.*

Les meubles dépérissent rapidement et se déprécient ; l'intérêt des appelés demandait qu'ils fussent vendus, et la loi impose au grevé de faire procéder à la vente des biens meubles. Elle aura lieu par affiches et aux enchères, en présence du tuteur qui doit veiller à ce que cette formalité soit accomplie.

En règle générale, les effets mobiliers seront donc vendus ; la loi a apporté deux exceptions à ce principe : le grevé ne fera point vendre les meubles dont le disposant aurait expressément ordonné la restitution en nature, et ceux qui deviennent immeubles par destination. L'article 1064 ne parle que des bestiaux et ustensiles servant à faire valoir les terres ; il a été emprunté à l'ordonnance de 1747 ; et il ne faut pas s'étonner de cette disposition, car, lorsqu'elle a été décrétée, on ignorait encore si l'immobilisation des biens serait adoptée. C'est ce principe contenu dans l'article 524 qui nous amène à étendre à tous les meubles dont il parle l'exception qui, au premier aspect, ne paraîtrait se rapporter qu'aux bestiaux et ustensiles. Mais comme ces derniers objets pourraient ne pas exister à l'époque où cesserait le droit du grevé, dans cette hypothèse, ce dernier en rendra d'autres d'une égale valeur.

Si la loi exige du grevé qu'il vende les meubles, par une conséquence directe et immédiate, elle devait lui ordonner de faire emploi du prix qui en proviendrait et des capitaux qui seraient remboursés. C'est ce qu'elle a fait en fixant aussi le délai dans lequel cet emploi doit avoir lieu. Toutes les sommes qui seront dans la succession à l'époque de la clôture de l'inventaire, et quelle que soit leur origine, seront placées dans les six mois qui suivront ce moment ; quant à celles qui proviendront des recouvrements opérés après la clôture de l'inventaire, elles devront être placées dans les trois mois, au plus ta.. à dater du jour de leur réception ; le juge a cependant le pouvoir de proroger ce délai.

Nous venons de parler du délai dans lequel l'emploi sera fait ; quant au mode de cet emploi, on suivra la volonté du disposant, s'il l'a manifestée ; et, dans le cas contraire, nous dit la loi, il devra être fait en immeubles ou avec priviléges sur immeubles.

D'après la plupart des auteurs, l'expression de privilége est employée ici dans le sens le plus étendu, et on pense généralement qu'un placement sur première hypothèque ne serait pas contraire aux prescriptions de la loi. Ajoutons encore ici que l'emploi fait par le grevé doit l'être en présence du tuteur à la substitution et à sa diligence ; et si le grevé ne remplissait pas l'obligation de la loi, le tuteur pourrait le forcer à déposer les sommes à la caisse des dépôts et consignations.

4° De la publicité de la substitution.

La loi, dont la sagesse a veillé avec tant de soin sur les intérêts des appelés, en ordonnant les formalités sur lesquelles nous venons de nous expliquer, devait en même temps prendre en main la cause des tiers qui aurait pu être gravement compromise, si la substitution leur eût été cachée. C'est donc dans leur intérêt qu'elle a voulu donner une grande publicité à ces dispositions.

La publicité s'obtient, quant aux immeubles donnés par le disposant, par la transcription des actes sur les registres du conservateur des hypothèques du lieu de la situation ; pour ceux qui auraient été achetés par le grevé en emploi des

deniers substitués, on transcrit l'acte de vente qui men-
tionnera que l'immeuble est grevé de substitution ; pour les
capitaux placés avec privilége, on prendra une inscription
sur ces immeubles, en mentionnant encore la charge de
rendre. Si une seconde libéralité venait grever de substitution
les biens compris dans une première donation, cette disposition serait transcrite en marge de la transcription de la
première libéralité.

Les meubles que l'on conserve en nature ne sont pas soumis
à la même garantie, c'est au tuteur à veiller à leur conservation. Voilà les moyens employés par la loi pour protéger
les tiers.

Le Code n'a innové par ces dispositions qu'en ce qui touche
les libéralités par acte testamentaire ; la formalité de la
transcription avait déjà été exigée pour les donations ordinaires. De telle sorte, remarquons-le, que, pour les actes
entre vifs, la transcription exigée au titre des Donations se
confond avec celle qu'impose l'article 1069.

C'est à la diligence du grevé ou du tuteur à la substitution
que la publicité sera donnée; il n'y a aucun délai de rigueur
pour remplir cette formalité. Mais le grevé et le tuteur assu-
ment sur eux une grave responsabilité, s'ils négligent ce
devoir; car la loi, qui ordonne de sages mesures pour porter
à la connaissance des tiers les droits des appelés, n'a pas dû
faire retomber sur eux la faute de ceux qu'elle charge de
remplir les précautions qu'elle impose.

Lorsque la substitution n'aura pas été rendue publique
dans les formes prescrites par la loi, les créanciers et les
acquéreurs à titre onéreux seront en droit d'opposer aux
appelés, sans tenir compte de leur âge ou de leur condition;
le défaut de transcription; et cela quand même ils auraient
connu la substitution par d'autres voies que celles tracées par
la loi. Dans ces circonstances, il était juste de protéger les
tiers plutôt que les appelés, dont les représentants ont oublié

les prescriptions de la loi. Une grave atteinte aurait été portée à la sécurité des négociations s'il n'en eût été ainsi.

Les conséquences du défaut de transcription se produiraient à l'encontre des appelés, même si le grevé et le tuteur étaient insolvables.

Les créanciers et les acquéreurs à titre onéreux, avons-nous dit, pourront opposer le défaut de transcription ; une distinction cependant est à faire entre ces personnes. Les créanciers et les tiers acquéreurs du grevé auront le droit de se prévaloir de l'inexécution de cette condition, quand même la donation eût été transcrite, si la charge de rendre ne l'avait pas été. Mais il n'en sera pas ainsi pour les créanciers et les tiers-acquéreurs du donateur ; pour eux, quand même la libéralité n'eût pas été transcrite comme substitution, si elle l'avait été comme donation, ils n'auraient pas la faculté d'opposer le défaut de transcription. Que leur importe, en effet, que les biens aient été donnés à charge de restitution ? Tout ce qui les intéresse, c'est de savoir si les biens de celui qui est leur débiteur ou leur auteur sont ou ne sont pas dans ses mains.

Mais il est des personnes à l'égard desquelles les substitutions ont leur plein et entier effet, quoiqu'elles n'aient pas été transcrites ; ce sont :

1° Les donataires, légataires ou héritiers du disposant, c'est-à-dire ses ayants cause à titre gratuit ;

2° Les donataires, légataires ou héritiers des ayants cause à titre gratuit du disposant.

On comprend aisément le motif de la loi ; entre deux personnes qui luttent, l'une et l'autre, *de lucro captando*, celle dont le titre est antérieur doit, par cela seul, être préférée à l'autre. Comme aussi dans le cas précédent, lorsque ayant à choisir entre les créanciers et acquéreurs à titre onéreux et les appelés, elle décide en faveur des premiers, elle a considéré que celui qui lutte *de damno vitando* est plus digne de protection que celui qui discute *de lucro captando*.

Le défaut de transcription peut être opposé aux appelés, même mineurs ou interdits; mais un recours leur est ouvert contre le grevé et le tuteur à la substitution. Le grevé est responsable toutes les fois que sa négligence à observer les prescriptions de la loi aura nui aux appelés. Cette responsabilité pèse sur lui, même lorsqu'il est mineur. Son tuteur, dans ce cas, doit le remplacer dans l'accomplissement de toutes ces conditions, sans que jamais le grevé mineur puisse se prévaloir de cette circonstance pour être restitué contre l'inexécution des règles tracées par le législateur.

La même responsabilité pèse sur la tête du tuteur à la substitution. Si le grevé est le premier que la loi oblige à accomplir les formalités qu'elle exige, c'est au tuteur à surveiller la conduite du grevé et à faire toutes les diligences pour que les intérêts des appelés ne soient pas compromis.

Après l'explication de ces articles, il ne sera pas sans intérêt de remonter jusqu'à notre droit ancien, et d'étudier la publicité qui a été donnée depuis les ordonnances de Louis XV jusqu'à nos jours, soit aux donations entre vifs, soit aux substitutions. Comme complément indispensable à cette question, nous ajouterons quelques observations sur la publicité qui a été exigée pour les transmissions à titre onéreux.

L'ordonnance de 1731 soumettait à la formalité de l'insinuation toutes les donations autres que celles faites dans les contrats de mariage en ligne directe.

Pour les donations d'immeubles, l'insinuation se faisait au greffe des bailliages ou sénéchaussées royales, tant du domicile du donateur que du lieu de la situation des immeubles; pour les autres donations, l'insinuation n'était requise qu'au greffe du domicile du donateur.

En règle générale le défaut d'insinuation entraînait la nullité des donations, et cette nullité pouvait être opposée par toutes les personnes qui y avaient intérêt; cette faculté n'était refusée qu'au donateur et aux personnes chargées de faire procéder à l'insinuation.

Le délai pour faire l'insinuation était de quatre mois si les personnes demeuraient en France et de six mois dans le cas contraire.

Lorsque l'insinuation était faite dans le délai fixé, elle remontait au jour de la donation. Si, au contraire, elle n'avait lieu qu'après l'expiration du délai, elle était utile si le donateur vivait encore, mais elle n'avait d'effet que du jour de sa date.

L'ordonnance de 1747 avait établi les règles destinées à donner de la publicité aux substitutions. D'après cette ordonnance les créanciers et les tiers-acquéreurs du grevé de substitution pouvaient seuls opposer le défaut de publication et d'enregistrement de la substitution. Il y avait donc une grande différence sur ce point entre les donations et les substitutions.

Pendant l'époque du droit intermédiaire les formalités de l'insinuation des donations fut maintenue ; telle qu'elle avait été réglée par l'ordonnance de 1731.

La loi du 11 brumaire an VII, en établissant en principe que nul acte translatif de propriété ne pourrait avoir d'effet contre les tiers, que du jour de sa transcription au bureau des hypothèques, vint rendre les donations sujettes à deux formalités : l'insinuation et la transcription. Une différence essentielle existait entre elles; le défaut d'insinuation annulait la donation entre vifs à l'égard des héritiers du donateur; le défaut de transcription la neutralisait seulement à l'égard des créanciers de celui-ci, et de ceux à qui, depuis la donation non transcrite, il pouvait avoir donné ou vendu les biens qu'elle comprenait, pourvu qu'ils eussent eux-mêmes pris la précaution de faire transcrire leur contrat.

Le Code Napoléon a supprimé une de ces formalités, l'insinuation, et a conservé la transcription pour les donations de biens susceptibles d'hypothèques.

D'après l'article 941 le défaut de transcription peut être opposé par toute personne ayant intérêt, excepté cependant celles qui sont chargées de faire faire la transcription de leurs ayants cause et le donateur.

Mais là s'arrête le législateur pour ce qui à trait aux donations; dans le chapitre, au contraire, où il traite de la publicité à donner aux substitutions permises, il autorise à opposer le défaut de transcription les créanciers et les tiers-acquéreurs, et il enlève cette faculté aux donataires, légataires, héritiers légitimes de l'auteur de la disposition, et aux donataires, légataires ou héritiers de ces personnes.

La différence qui existe entre les articles 941 et 1072 a donné naissance à une controverse parmi les jurisconsultes; les uns ont prétendu qu'il fallait s'en tenir aux termes rigoureux de l'article 941 et permettre aux donataires ou légataires du disposant d'opposer le défaut de transcription. D'autres, au contraire, ont voulu étendre aux donations les dispositions de l'article 1072 et ils refusent aux donataires ou légataires le droit d'opposer le défaut de transcription.

Si des transmissions à titre gratuit nous passons maintenant à celles à titre onéreux, et si nous cherchons dans le passé les lois qui ont eu pour objet de donner de la publicité à ces sortes de dispositions, nous nous trouvons en présence de la loi du 11 brumaire an VII. Avant elle les biens se transmettaient à titre onéreux sans que rien vînt avertir les tiers de ces mutations. Cette loi établit que les actes translatifs de biens et de droits susceptibles d'hypothèques devraient être transcrits sur les registres du bureau de la conservation des hypothèques dans l'arrondissement duquel les biens seraient situés. Tant que cette formalité n'était pas accomplie, ces actes ne pouvaient être opposés aux tiers qui auraient contracté postérieurement avec le vendeur et qui auraient fait transcrire leur titre de propriété.

Les rédacteurs du Code Napoléon abandonnèrent le système du droit intermédiaire en ce qui concernait les transmissions à titre onéreux et n'exigèrent pas la formalité de la transcription.

Beaucoup d'éminents jurisconsultes avaient regretté une pareille lacune et appelaient de leurs vœux une loi qui la comblerait.

La loi du 23 mai 1855 a rétabli la nécessité de la transcription de l'aliénation à titre onéreux. D'après cette loi trois sortes d'actes doivent être transcrits : 1° les actes translatifs de propriété ; 2° les actes acquisitifs d'un démembrement de propriété ; 3° certains actes qui, sans concéder des droits réels, amoindrissent cependant la valeur des immeubles : ainsi les baux à ferme d'une durée de plus de dix-huit ans. Ainsi, désormais, tout acte qui aura pour objet de faire passer un immeuble du domaine d'une personne dans celui d'une autre, ou qui sera susceptible de l'affecter plus ou moins gravement dans les mains du propriétaire, devra être transcrit.

En l'absence de cette formalité, et tant qu'elle n'aura pas été accomplie, les aliénations et constitutions de droits réels , valables entre les parties, resteront sans effet vis-à-vis des tiers qui auraient des droits réels sur les immeubles.

Cette loi a mis fin à la clandestinité des actes translatifs de propriété, de laquelle résultaient de graves abus, puisqu'un acheteur n'était jamais sûr de traiter avec le vrai propriétaire ; elle a rendu aux négociations tous les gages de stabilité qui leur sont nécessaires pour qu'elles ne soient pas entravées.

§ 3. — DROITS DU GREVÉ ET DES APPELÉS. — OUVERTURE DE LA SUBSTITUTION.

1° *Droits du grevé et des appelés.*

On peut caractériser en deux mots les droits du grevé et ceux des appelés : le grevé est propriétaire des biens compris dans la substitution, sous condition résolutoire; l'appelé en est propriétaire sous condition suspensive, et la condition de laquelle dépendent les droits de chacun est la survie de l'appelé au grevé. Ainsi donc, le grevé n'a pas seulement sur les biens un droit de jouissance, il en est réellement propriétaire; seulement, son droit est révocable. Il en résulte, en conséquence, qu'il peut aliéner, consentir des hypothèques, grever les biens de servitudes; tous ces actes auront, à la vérité, le même caractère que le droit du grevé, ils s'évanouiront si les appelés survivent au grevé, et seront au contraire irrévocables s'il n'y a pas lieu à l'ouverture de la substitution.

Il y a même plus : les biens substitués pourraient être hypothéqués ou aliénés d'une manière irrévocable dans le cas d'absolue nécessité. Ainsi, pour payer les dettes laissées à la charge de la substitution, le grevé devrait faire intervenir le tuteur dans cette circonstance et suivre les formalités exigées par la loi lorsqu'il s'agit de biens de mineurs. Le grevé aura le droit de faire rentrer les créances comprises dans la substitution et de décharger les débiteurs. Toutes les actions relatives aux biens substitués, soit personnelles, soit réelles, ne peuvent être introduites que par le grevé et contre lui. Seulement, lés jugements rendus avec le grevé ne seront opposables aux appelés que si le tuteur à la substitution a été mis en cause.

Le grevé peut encore faire une transaction que l'on ne pourra plus attaquer, si on a employé les formes qu'exige la loi dans les transactions de biens de mineur.

La prescription qui aura couru contre le grevé aura également son effet contre les appelés. Aucun texte ne les y soustrait; ils y restent donc soumis. Seulement, si la substitution vient à s'ouvrir plus tard, comme le droit de propriété des appelés aura un effet rétroactif, on pourrait dire que la prescription n'a pas couru contre eux pendant leur minorité. Quant à celle qui a couru au profit du grevé, si elle a éteint des droits que des tiers avaient sur les biens substitués, les appelés en profiteront. Si la prescription avait acquis de nouveaux droits au grevé, elle serait au profit de celui-ci seulement , à moins qu'il n'apparût que le grevé n'a fait que continuer la prescription commencée par le disposant.

Si le grevé a des droits, il a aussi des obligations à remplir. Il doit apporter à l'entretien des biens substitués les soins d'un bon père de famille. Il a seul la jouissance des fruits, seul aussi il doit supporter les dépenses qui sont considérées comme charges des fruits; ainsi il paie les impositions; il fait les grosses réparations, mais il ne les supporte pas, et il pourra ou se faire autoriser à emprunter ou les payer de ses deniers, sauf à se les faire rembourser à l'époque de l'ouverture de la substitution.

De ce que nous avons dit en commençant, il résulte que les appelés n'ont qu'une simple espérance jusqu'au moment où s'ouvrira la substitution. Cette expectative qui, plus tard, pourra se transformer en droit réel et véritable, a préoccupé les législateurs; aussi avons-nous vu qu'ils ont ordonné des formalités propres à la sauvegarder, et de plus , le tuteur à la substitution peut prendre toutes les mesures conservatoires qu'il croira nécessaires dans l'intérêt des appelés; ainsi il peut interrompre une prescription.

Il y a plus encore, c'est qu'il ne dépend plus du donateur, quand même il aurait le consentement du premier donataire, d'anéantir cette espérance ; lorsque la libéralité contenant charge de rendre a été faite par donation, le disposant n'a plus le droit de revenir sur cette disposition et d'effacer la charge de rendre. En effet, la libéralité, grevée de substitution, contient deux donations , et celle qui est au profit des appelés a été acceptée pour les appelés par les parties qui, présentes au contrat, stipulaient pour eux. Dès que, par la bouche de leurs représentants, les appelés ont déclaré accepter la libéralité, elle devient irrévocable.

2° De l'ouverture des substitutions.

Après avoir examiné les droits du grevé et des appelés tant que la substitution n'est pas ouverte, il faut étudier les causes d'ouverture des substitutions.

La mort naturelle est la seule cause définitive et irrévocable qui donne lieu à l'ouverture des substitutions; l'intention du testateur a été de laisser au grevé les biens substitués pendant sa vie, et de les transmettre, au moment de sa mort, à ceux qu'il appelle en second ordre. La loi déclarant de plus que la substitution ne sera valable que si elle est faite au profit des enfants nés ou à naître du grevé, on conçoit aisément que la mort seule du grevé fera connaître quels sont les appelés.

L'ouverture de la substitution peut aussi avoir lieu par la déchéance prononcée contre le grevé pour défaut de nomination d'un tuteur à la substitution, et par l'abandon que le grevé fait de ses droits aux appelés. Mais ici, cette ouverture des substitutions ne sera que provisoire ; à la mort seulement du grevé, les droits des appelés seront réglés définitivement; et c'est entre les appelés qui survivront au grevé, ou leurs représentants dans le cas de l'article 1051, que le partage deviendra irrévocable. Décider autrement, serait aller contre la pensée du disposant et enfreindre le principe d'égalité que la loi a voulu établir entre tous les enfants du grevé.

L'abandon que le grevé peut faire aux appelés par anticipation ne nuira jamais aux créanciers. Ceux dont le titre aura une date certaine auront le droit de se payer sur les revenus des biens abandonnés, si les biens particuliers du grevé sont insuffisants, et même si, après cet abandon, les appelés décédaient avant le grevé, les créanciers seraient autorisés à exercer leur recours sur la nue-propriété de ces biens.

Si le grevé avait concédé des droits éventuels, les appelés ne pourraient en demander la résolution qu'autant qu'ils survivraient au grevé.

On s'est demandé si, en assimilant le grevé à l'usufruitier, on pouvait faire prononcer l'extinction de son droit au cas où sa jouissance serait abusive. Cette assimilation est impossible, on ne peut appliquer au grevé, qui est propriétaire, l'article 618, qui est fait pour l'usufrutier; la seule ressource que l'on aurait dans cette hypothèse serait de demander des dommages-intérêts pour le passé et de prendre pour l'avenir des mesures conservatoires.

Si la libéralité faite au grevé était révoquée pour ingratitude ou inexécution des conditions, y aurait-il lieu à l'ouverture de la substitution au profit des appelés? La faute du grevé ne doit pas nuire aux appelés, et la conduite de l'un est sans influence sur les autres. Si l'ingratitude du grevé a fait révoquer la libéralité qu'il avait reçue, il y aura lieu à l'ouverture provisoire de la substitution, s'il existe déjà des appelés; dans le cas contraire, les biens seront remis au disposant ou à ses héritiers, qui les rendraient lorsqu'il y aurait des appelés. L'intention du donateur en se dépouillant de ses biens a été d'en investir les appelés après le grevé.

Si la libéralité était révoquée pour inexécution des conditions, le résultat serait le même, pourvu que les charges imposées à la donation fussent exécutées par les appelés, car la libéralité serait révoquée pour eux également s'ils refusaient d'en remplir les conditions.

On ne peut pas dire que la substitution serait ouverte si le grevé refusait d'accepter la libéralité, car alors il n'y aurait pas de donation ou de legs, et la charge accessoire ne serait pas valable si la disposition principale n'existait pas; à moins, toutefois, que le disposant n'eût fait en même temps une substitution vulgaire qui appellerait les donataires en second

ordre au premier rang, au cas où le grevé n'accepterait pas la libéralité.

La décision serait la même si le legs devenait caduc par la mort du grevé avant le testateur.

Dès que la substitution est ouverte, les appelés sont saisis des biens de plein droit et sans avoir à demander la délivrance. La mort du grevé anéantit tous ses droits, il n'en transmet aucun à ses héritiers ab intestat; ces derniers ont seulement la détention de fait; ils sont dépositaires de la chose d'autrui, dont ils ont à faire la restitution et non pas la délivrance. Le substitué ne reçoit aucun droit du grevé, tous ceux qu'il a lui viennent du disposant; il n'a à demander au représentant du grevé que la remise de fait; car, dès la mort de celui-ci, l'appelé a le droit de propriété, le droit de possession et le droit aux fruits.

Cette observation importante, tant que les lois sur les majorats et celle de 1826 étaient en vigueur, n'a plus aucune portée actuellement, puisque, dans le seul cas où la substitution est désormais possible, les appelés sont nécessairement les représentants du grevé.

La substitution étant ouverte, les appelés sont autorisés à faire prononcer la résolution de tous les droits concédés par le grevé. Mais ils ont cette faculté pourvu qu'ils ne se portent pas héritiers purs et simples du grevé; car, dans cette hypothèse, ils seront tenus de réparer les évictions qu'ils auraient obtenues en qualité d'appelés.

Si les appelés renonçaient à la succession du grevé, ou l'acceptaient bénéficiairement, il est un droit qu'ils ne pourraient faire tomber. Si les biens libres du mari étaient insuffisants, l'hypothèque légale de la femme accorderait à cette dernière un recours sur les biens grevés de substitution. La loi, cependant, n'a pas voulu que ce droit fût invoqué trop fréquemment; aussi ne peut-il être exercé que pour le capital des deniers dotaux et lorsque le disposant a formellement autorisé ce recours.

Droit Romain.

1° Dans le Droit civil romain, un père de famille ne pouvait pas légalement contraindre son fils à accepter une hérédité qui lui était déférée.

2° La substitution *in utrumque casum*, établie par Marc-Aurèle, a lieu par la substitution vulgaire comme par la substitution pupillaire.

3° Les servitudes déjà créées ne pouvaient pas servir de base à une convention d'hypothèque, mais on pouvait faire naître une servitude *prædiorum rusticorum* et donner au créancier le droit de la vendre s'il n'était point payé à l'échéance.

4° *Condictio indebiti* est ordinairement refusée à celui qui a payé par erreur de droit.

Droit Français.

1° Lorsqu'il y a lieu à réduction, l'insolvabilité du dernier donataire ne pèse pas exclusivement sur les héritiers à réserve ou sur les autres donataires.

2° L'article 339 du Code Napoléon est applicable même à l'enfant qui se trouve dans les cas des § 1 et 2 de l'art. 314 du même code.

3° La femme mariée sous le régime dotal peut transiger sur ses droits héréditaires, alors même qu'il y a des immeubles dans la succession.

4° Les biens grevés de substitution licite sont susceptibles de prescription par dix et vingt ans si l'acquéreur est de bonne foi.

Droit Pénal.

1° Le complice n'est pas passible de l'aggravation de peine qui, dans certains cas, atteint l'auteur principal à raison d'une qualité qui lui est personnelle.

2° L'action publique et l'action civile se prescrivent par le même laps de dix ans écoulés sans poursuites.

Droit Administratif.

1° La juridiction des Conseils de préfecture n'est pas la juridiction contentieuse administrative ordinaire du premier degré; cette juridiction appartient aux ministres.

2° Les Tribunaux judiciaires sont seuls compétents entre l'entrepreneur d'établissements dangereux, insalubres ou incommodes et les tiers, pour apprécier les dommages qui dommages qui résultent de l'existence de ces établissements.

Vu et approuvé par Nous, Professeur-Doyen,

BOUTEUIL.

Vu et permis d'imprimer,

Pour M. le Recteur de l'Académie, empêché,

L'Inspecteur de l'Académie, délégué,

H. COMBES.

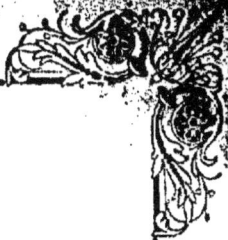

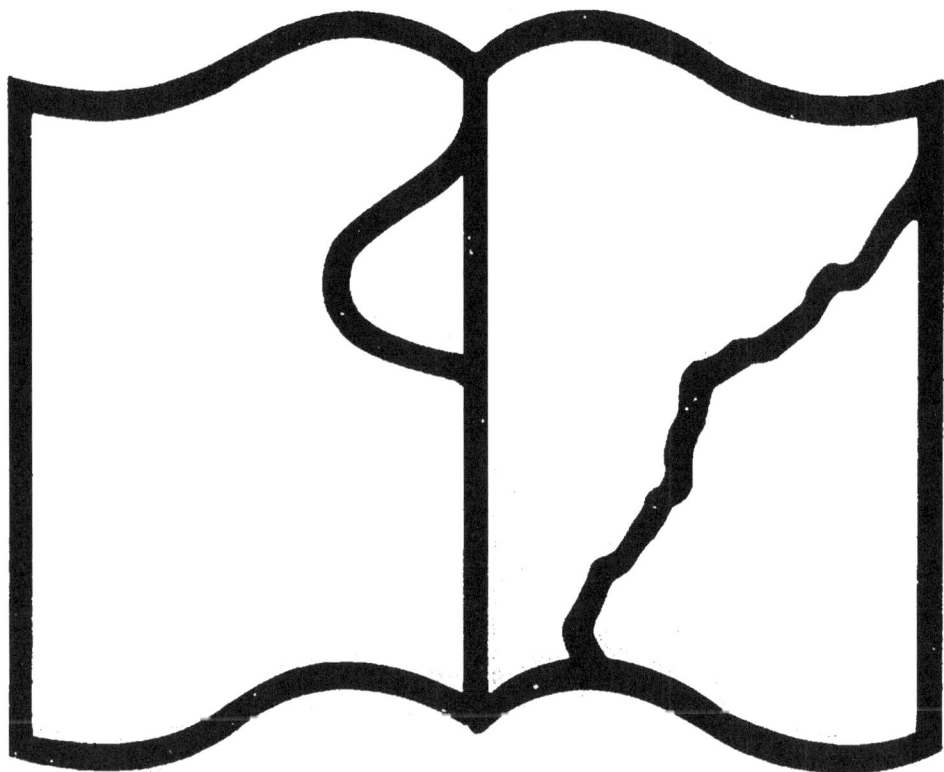

Texte détérioré — reliure défectueuse

NF Z 43-120-11